中国科普场馆年鉴

2016卷

中国自然科学博物馆协会 编

中国科学技术出版社

·北 京·

图书在版编目（CIP）数据

中国科普场馆年鉴 2016 卷 / 中国自然科学博物馆协会编.
—北京：中国科学技术出版社，2017.4
ISBN 978-7-5046-7463-0

Ⅰ. ①中… Ⅱ. ①中… Ⅲ. ①科学技术－展览馆－中国－2016－年鉴 Ⅳ. ① G245-54

中国版本图书馆 CIP 数据核字 (2017) 第 079072 号

责任编辑	韩　颖
装帧设计	中文天地
责任校对	刘洪岩
责任印制	马宇晨

出　　版	中国科学技术出版社
发　　行	科学普及出版社发行部
地　　址	北京市海淀区中关村南大街 16 号
邮　　编	100081
发行电话	010-62173865
传　　真	010-62179148
网　　址	http://www.cspbooks.com.cn

开　　本	889mm × 1194mm　1/16
字　　数	355 千字
印　　张	10.5
版　　次	2017 年 5 月第 1 版
印　　次	2017 年 5 月第 1 次印刷
印　　刷	北京华联印刷有限公司
书　　号	ISBN 978-7-5046-7463-0 / G · 746
盘　　号	ISBN 978-7-900282-33-0
定　　价	69.00 元（含 1CD-ROM）

编写说明

1.《中国科普场馆年鉴 2016 卷》是由中国自然科学博物馆协会编辑的用于汇集我国自然科学类博物馆及相关组织的现状、发展情况等重要信息的出版物。中国自然科学博物馆协会作为在民政部正式注册的国家一级学会，自 1980 年成立以来，致力于促进我国自然科学类博物馆相互之间的业务交流，为推动行业发展做出了重要贡献。协会现有正式注册单位会员 600 余家，下设 9 个专业委员会和 7 个工作委员会，单位会员绝大部分为自然科学类博物馆。

2.《中国科普场馆年鉴 2016 卷》汇集了中国自然科学博物馆协会单位会员 2015 年整体情况。本卷年鉴的问世将继续为我国科普基础设施整体服务能力的提高提供可分析研究的信息和数据基础，对博物馆及相关组织的发展具有重要的参考和指导意义。

3.《中国科普场馆年鉴 2016 卷》共收录 150 家科普场馆及相关组织的信息，所列场馆全部为中国自然科学博物馆协会注册会员。“场馆信息篇”中所列场馆按照协会专业委员会隶属关系进行分类，每个专业委员会的会员场馆按照理事单位、行政区划顺序排序。

4. 年鉴中出现的场馆数据为各会员场馆依据协会下发统一资料模板提供并经法定代表人认可，在编辑过程中不做修改；为保证文字风格统一，对资料中的项目顺序、文字叙述进行适当调整和删减。

5. 天文馆专业委员会、科普场馆特效影院专业委员会由于专业特殊性，编撰项目与其他场馆略有不同。

中国自然科学博物馆协会 2015 年年会在浙江省杭州市隆重召开

协会名誉理事长徐善衍、李象益为“青年学者优秀论文奖”获得者颁奖

分会场之一

中国自然科学博物馆协会理事长程东红致开幕词

中国自然科学博物馆协会常务副理事长束为主持开幕式

中国自然科学博物馆协会执行副理事长赵有利主持主旨报告会

中国自然科学博物馆协会副理事长、北京自然博物馆馆长孟庆金宣读表彰奖励决定

中国工程院院士、中国科协副主席赵沁平
做主旨报告

故宫博物院院长单霁翔做主旨报告

中国自然科学博物馆协会副理事长、上海科技馆馆长
王小明主持报告会

台湾自然科学博物馆馆长孙维新做特邀报告

果壳网 CEO 嵇晓华做特邀报告

北京汽车博物馆馆长杨蕊做特邀报告

浙江自然博物馆馆长严洪明做特邀报告

互动环节

地方自然科学博物馆协会 2015 年工作会议在黑龙江省大庆市召开

中国自然科学博物馆协会 2015 年度联络员工作会议在河南省郑州市召开

《自然科学博物馆研究》创办工作专题研讨会

协会“自然科学类博物馆管理技能、策略与实务”培训班

序

2015年，中国自然科学博物馆协会全面贯彻落实党的十八大和十八届三中、四中、五中全会精神，深入学习贯彻习近平总书记系列重要讲话精神，在中国科协指导下，在各单位会员和个人会员的大力支持下，凝聚社会力量、提升服务能力、搭建学术平台，基础工作继续稳固夯实，重点工作取得了卓有成效的突破。《中国科普场馆年鉴》就是协会及会员单位各项工作成果的具体结晶、集中展示和记忆留存。继《中国科普场馆年鉴2014卷》《中国科普场馆年鉴2015卷》取得良好社会反响后,《中国科普场馆年鉴2016卷》又与读者见面了，这是协会第三次发行年鉴类出版物。《中国科普场馆年鉴》是镌刻中国自然科学类博物馆历史年轮的丰茂大树，是展示我国科普场馆和中国自然科学博物馆协会发展轨迹、工作脉络的史料性参考书，是社会各界了解协会、达成共识的权威性工具书，是促进交流与合作的平台和窗口。

为了更加全面地展现2015年我国自然科学博物馆行业发展取得的丰硕成绩，协会年鉴工作委员会和编辑部对《中国科普场馆年鉴2016卷》不断探索改进。一是力求完整反映行业概貌。尽可能全面展现我国自然科学博物馆行业各个领域开展的富有特色的工作。二是力求加大研究与分析的内容。在学术层面加强对协会的发展研究、对已取得的成绩进行科学分析、对未来发展进行细致的研判，逐步提供用于把握行业状况和辅助决策的参考依据。

《中国科普场馆年鉴2016卷》编辑工作得到了中国科协的指导和关心，得到了协会各专委会、各会员单位的支持和配合，正因如此，本版年鉴在资料采集、内容编排和文章质量等方面得以持续改进和提高。但由于受人力、时间、掌握素材等方面的局限性以及编辑水平和能力所限，在把握行业重点、采集数据、提高文字质量等方面仍留有很多遗憾和不足。在本版年鉴出版之际，谨向关心、支持中国自然科学博物馆行业年鉴编辑工作的各界人士表示衷心感谢。让我们全体自然科学博物馆人共同推进行业的持续健康发展，积极投身全面深化改革，为我国科普事业的发展，为实现中国梦，继续不懈努力！

目　录

年度发展篇

专题研究报告

中国自然科学博物馆协会 2015 年年会暨动物艺术研讨会

自然科学类博物馆管理技能、策略与实务培训班

附　录

协会大事记

重要活动及文件

索引

电子光盘目录

年度发展篇

专题研究报告

全国自然科学类博物馆人才继续教育工作指南 ······ 005

中国自然科学博物馆协会 2015 年年会暨动物艺术研讨会

中国自然科学博物馆协会 2015 年年会暨动物艺术研讨会在杭州隆重举行 ······ 023
中国自然科学博物馆协会 2015 年年会暨动物艺术研讨会开幕词 ······ 025
大会主旨报告及分会场报告 ······ 027
青年学者优秀论文奖获奖名单 ······ 033

自然科学类博物馆管理技能、策略与实务培训班

培训日程安排 ······ 037
自然科学类博物馆管理技能、策略与实务培训班在辽宁沈阳成功举办 ······ 039

场馆信息篇

自然历史博物馆

北京自然博物馆 ······ 045
北京麋鹿生态实验中心 ······ 059
北京动物园 ······ 069
天宇空间（北京）国际文化发展有限公司 ······ 073
辽宁古生物博物馆 ······ 075
大连自然博物馆 ······ 082
吉林省自然博物馆暨东北师范大学自然博物馆 ······ 103

常州恐龙园股份有限公司……110
浙江自然博物馆……119
广西壮族自治区自然博物馆……136
重庆自然博物馆……144
自贡恐龙博物馆……154
陕西自然博物馆……172

科学技术馆

中国科学技术馆……181
天津科学技术馆……208
河北省科学技术馆……216
山西省科学技术馆……225
内蒙古自治区科学技术馆……238
乌海科学技术馆（乌海市青少年宫）……241
内蒙古巴彦淖尔市青少年科技馆……245
内蒙古巴彦淖尔市乌拉特中旗科技馆……250
辽宁省科学技术馆……256
沈阳科学宫……263
葫芦岛市科学技术馆……273
吉林省科技馆……280
长春中国光学科学技术馆……284
黑龙江省科学技术馆……289
上海科技馆……302
江苏省科学技术馆……315
南京科技馆……323
张家港科技馆……335
浙江省科技馆……342
中国杭州低碳科技馆……351
杭州市科技工作者服务中心……360
宁波科学探索中心……365
湖州市科学技术馆……373
嘉兴市科技馆……381
安徽省科学技术馆……387
合肥市科技馆……393
合肥现代科技馆……401

安徽省蚌埠市科学技术馆……409
福建省科技馆……415
厦门科技馆……424
厦门诚毅科技探索中心……431
江西省科学技术馆……436
山东省科学技术宣传馆……440
临沂市科技馆……449
河南省科学技术馆……456
郑州科学技术馆……463
焦作市科技馆……471
湖北省科学技术馆……477
武汉科学技术馆……484
荆门市科技馆……490
湖南省科学技术馆……495
广东科学中心……504
广东科学馆……516
深圳科学馆……525
深圳市少年宫（深圳市少儿科技馆）……530
佛山科学馆……536
东莞市科学技术博物馆……543
惠州科技馆……558
汕头科技馆……562
广西壮族自治区科学技术馆……568
重庆科技馆……586
四川科技馆……596
陕西科学技术馆……605
延安市科学技术馆……613
毕节市科学技术馆……620
青海省科学技术馆……626
宁夏回族自治区科学技术馆……642
新疆科学技术馆……656
乌鲁木齐市科学技术馆……665

水族馆

青岛水族馆……673

北京信沃达海洋科技有限公司（北京海洋馆）……678
大连老虎滩海洋公园……685
上海海洋水族馆有限公司……689
铃兰太湖水底世界（苏州）有限公司……693
徐州市水族展览馆……696
山东省坤河旅游开发有限公司……701
海底世界（湖南）有限公司……704

天文馆

北京天文馆……711
河北省科学技术馆天文馆……723
山西省科学技术馆天文馆……726
上海市格致中学天文馆……728
中国科学院紫金山天文台……732
合肥市科技馆天文馆……738
中国科学院紫金山天文台青岛观象台……742
东莞科学馆天文馆……749
青海省青少年活动中心天文馆……754
海西州文化体育场馆管理有限公司……757

专业科技博物馆

中国农业博物馆……763
中国消防博物馆……774
中国煤炭博物馆……782
中国电影博物馆……787
中国水利博物馆……796
中国园林博物馆……802
中国妇女儿童博物馆……825
中国化工博物馆……832
北京汽车博物馆……835
黄河水利委员会黄河博物馆……848
铁道兵纪念馆……853

湿地博物馆

中国湿地博物馆……859
北京延庆野鸭湖湿地自然保护区管理处……867

包头市南海湿地管理处……873
宁国市自然博物馆……880
洋湖湿地开发管理有限公司……884
洪泽湖博物馆……886
张掖湿地博物馆……888
宁夏沙湖旅游股份有限公司……893

国土资源博物馆

中国地质博物馆……901
北京市房山世界地质公园博物馆……908
山西地质博物馆……913
本溪地质博物馆……919
南京地质博物馆……923
安徽省地质博物馆……929
中国地质博物馆烟台馆暨烟台自然博物馆……936
湖南省地质博物馆……940
成都理工大学博物馆……946
石林石得利地质科技有限公司……952
新疆地质矿产博物馆……956

自然保护区

山东黄河三角洲国家级自然保护区管理局……963
广东粤北华南虎省级自然保护区管理处……971
青海湖国家级自然保护区管理局……973

科普场馆特效影院

中国科学技术馆特效影院……977
北京天文馆特效影院……981
天津科学技术馆特效影院……985
内蒙古自治区科学技术馆特效影院……987
沈阳科学宫特效影院……990
大连金石滩旅游集团有限公司文化博览广场特效影院……995
吉林省科技馆特效影院……997
黑龙江省科学技术馆特效影院……999
上海科技馆特效影院……1003
江苏省科学技术馆特效影院……1005

中国杭州低碳科技馆特效影院 …… 1008
合肥市科技馆特效影院 …… 1011
厦门市同安区科学技术馆特效影院 …… 1014
江西省科学技术馆特效影院 …… 1016
湖南省科学技术馆特效影院 …… 1018
深圳市宝安区科技馆特效影院 …… 1021
东莞市科学技术博物馆特效影院 …… 1024
重庆科技馆特效影院 …… 1028
四川科技馆特效影院 …… 1030
榆林市科学技术馆特效影院 …… 1033
青海省科学技术馆特效影院 …… 1035
宁夏回族自治区科学技术馆特效影院 …… 1037
新疆科学技术馆特效影院 …… 1039

地方自然科学博物馆社团组织

山东省科技场馆协会 …… 1043
广西自然科学博物馆协会 …… 1048
四川省自然科学博物馆协会 …… 1055
新疆自然博物馆协会 …… 1058

附　　录

协会大事记

中国自然科学博物馆协会 2015 年大事记 …… 1065

重要活动及文件

中国自然科学博物馆协会 2015 年工作总结和 2016 年工作要点 …… 1073
中国自然科学博物馆协会 2015 年联络员工作会议在河南省郑州市召开 …… 1079
中国地方自然科学博物馆协会 2015 年工作会议在黑龙江省大庆市召开 …… 1080

索引

展览名称分类索引 …… 1083
教育活动名称分类索引 …… 1099
项目名称索引 …… 1140
研究成果名称索引 …… 1145
特效影院索引 …… 1164

年度发展篇

专题研究报告

全国自然科学类博物馆人才继续教育工作指南

为提升全国自然科学类博物馆（以下简称：博物馆）人才队伍的专业素养及综合能力，进一步加强博物馆人才队伍的理论与业务水平，现发布“全国自然科学类博物馆人才继续教育工作指南”如下。

一、总体目标与思路

本方案的总体目标如下：

- 提高从业人员对行业的认可度和工作的积极性
- 提升运营管理、收藏研究、展示教育、公众服务等各方面的整体水平
- 成为行业入门、晋升门槛的设置标准之一

本方案旨在打造完整的博物馆行业的人员金字塔结构，保证初级人员具备基本的博物馆行业基本从业知识，随着人员从业经验和阅历的加深，能逐步挑起博物馆乃至整个行业发展与进步的重担。教育方案秉承“动态开放、理论与实践结合、突出案例教学”的原则。

	理论层面	实践层面	效　果
初级 / 入门	是什么 引导思考为什么	怎么做（个人、部门层面）	能胜任部门中各项基本工作
中级 / 中层	是什么 为什么 初步考虑如何创新	怎么做（部门、馆级层面）	对部门工作有全盘认识和考虑，能胜任复杂的工作内容
高级 / 高层	是什么 为什么 全盘考虑如何创新	怎么做（馆级、行业层面）	对整个行业发展有深刻见解，能主持重大工作和项目

初级（入门）培训，由各场馆根据本指南提供的培训大纲自行组织具体培训；中高级（中高层）培训，由全国自然科学博物馆协会统一组织，从而保证培训质量，为全国博物馆中高层人才的可持续发展提供保障。

二、整体框架

培训内容由5项功能大模块+拓展大模块组成，各大模块下设立多个小模块，本着动态开放的原则，各模块间可以进行灵活组合；除了基本内容，还可以根据实际情况加入新的小模块内容。

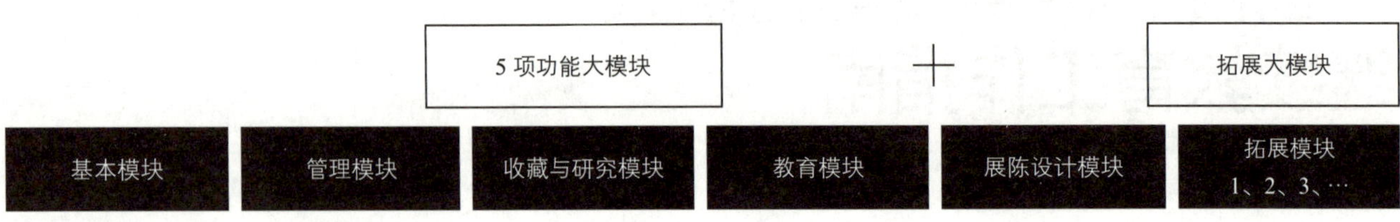

功能大模块1：基本模块
- 小模块1：博物馆历史
- 小模块2：博物馆核心价值
- 小模块3：博物馆文化内涵
- 小模块4：博物馆发展趋势
- 小模块5：新兴科学技术发展在博物馆发展中的应用

更多……

功能大模块2：管理模块
- 小模块1：博物馆管理综述
- 小模块2：博物馆与社会（公共关系、观众服务等）
- 小模块3：博物馆运行与营销管理
- 小模块4：博物馆人力资源管理
- 小模块5：博物馆财务、法务管理
- 小模块6：博物馆资产管理（藏品、展品等）

更多……

功能大模块3：收藏与研究模块
- 小模块1：博物馆研究历史
- 小模块2：博物馆研究的领域和特点
- 小模块3：博物馆收藏原则与方法
- 小模块4：博物馆收藏管理
- 小模块5：基于收藏的衍生品研究

更多……

功能大模块4：教育模块
- 小模块1：博物馆中科学教育的定位、特点与责任
- 小模块2：相关学科基础理论在博物馆教育中的应用
- 小模块3：博物馆展示教学方法与技巧
- 小模块4：基于展陈的教育活动设计、开发与实施
- 小模块5：基于拓展的教育活动设计、开发与实施
- 小模块6：混合式教育活动的设计、开发与实施
- 小模块7：教育活动研究与效果评价

更多……

功能大模块 5：展陈设计模块

- 小模块 1：展陈设计的基础理论与技术介绍（展陈设计、展示技术的发展等）
- 小模块 2：前期研究与策划（理念研究、文献研究、展览定位、展览主题）
- 小模块 3：内容与形式设计
- 小模块 4：项目与质量管理
- 小模块 5：展陈效果评估
- 小模块 6：协同化产品开发

更多……

拓展大模块：

- 小模块 1：思维拓展
- 小模块 2：国际前沿趋势
- 小模块 3：综合技能（心理学、教育学等）
- 小模块 4：本行业、本地需求

更多……

三、培训内容指南

培训内容分别针对全国博物馆的管理、收藏研究和展教 / 展陈三类人员，各类人员均分为初级（入门）、中级（中层）、高级（高层）三个层级。

管理人员	收藏研究人员	展陈 / 展教人员
基本模块 管理模块	基本模块 收藏与研究模块	基本模块 教育模块 展陈设计模块

管理人员（初级 / 入门）

（一）基本模块

1. 博物馆历史

- 博物馆历史起源概述
- 博物馆职能的历史变迁
- 当代博物馆几大职能的基本要点

2. 博物馆核心价值

- 博物馆核心价值的发展变迁概述
- 当代博物馆的核心价值内容与意义概述
- 当代博物馆核心价值实现路径概述

3. 博物馆文化内涵

- 博物馆的文化内涵概述
- 博物馆文化内涵挖掘的意义概述
- 博物馆文化内涵的挖掘方法概述

4. 博物馆发展趋势

- 博物馆发展历程概述
- 当今博物馆重点发展领域概述
- 未来博物馆发展方向概述

5. 新兴科学技术发展在博物馆发展中的应用

- 科学技术发展的基本脉络
- 当今热门新兴科学发现概述
- 科学技术在博物馆中的应用概述
- 新兴科学发现对博物馆未来发展的支持作用概述

（二）管理模块

1. 博物馆管理综述

- 博物馆管理的历史演变
- 博物馆管理的基本策略
- 博物馆管理的基本方法

2. 博物馆与社会

- 博物馆的社会价值概述
- 博物馆与社会联结的路径概述
- 博物馆品牌塑造与资源共享概述

3. 博物馆运行与营销管理

- 博物馆运行管理的基本要点
- 博物馆运行管理的基本方法和流程
- 博物馆营销管理的基本策略
- 博物馆营销管理的基本方法和流程

4. 博物馆人力资源管理

- 博物馆人力资源管理基本概念
- 博物馆人力资源管理基本要点
- 博物馆人力资源管理基本方法

5. 博物馆财务、法务管理

- 博物馆财务管理基本概念
- 博物馆财务管理基本方法和流程
- 博物馆法务管理基本概念
- 博物馆法务管理基本方法和流程

6. 博物馆资产管理（藏品、展品等）

- 博物馆资产管理基本概念
- 博物馆资产管理的基本方法和流程

管理人员（中级/中层）

（一）基本模块

1. 博物馆历史

- 博物馆历史发展脉络探究
- 博物馆职能发展变迁动因
- 当代博物馆几大职能的关键点

2. 博物馆核心价值

- 博物馆核心价值的内涵外延
- 博物馆核心价值对博物馆发展的推动作用
- 博物馆核心价值的建立与培养探究

3. 博物馆文化内涵

- 文化、科学与社会的联结
- 博物馆文化内涵与博物馆发展的关系
- 博物馆文化内涵的深入挖掘

4. 博物馆发展趋势

- 博物馆发展历程探究
- 当今博物馆发展的内外驱动力
- 未来博物馆发展的总体趋势

5. 新兴科学技术发展在博物馆发展中的应用

- 新兴科学技术发展的基本脉络、关键节点和内在逻辑
- 新兴科学技术发展与博物馆发展的关系探索
- 新兴科学技术发展在博物馆发展中应用的主要路径与关键步骤

（二）管理模块

1. 博物馆管理综述

- 博物馆管理的历史沿革与内在逻辑
- 博物馆管理的策略研究
- 博物馆管理的实施要点

2. 博物馆与社会

- 博物馆的社会价值
- 博物馆与社会的连接路径
- 博物馆品牌塑造与资源共享的实施要点

3. 博物馆运行与营销管理

- 博物馆运行管理的核心要素
- 博物馆运行管理的策略制定与实施要点
- 博物馆营销管理的核心要素
- 博物馆营销管理的策略制定与核心要素

4. 博物馆人力资源管理

- 博物馆各部门人力资源管理核心要素
- 博物馆各部门人力资源管理策略制定
- 博物馆各部门人力资源管理实施要点

5. 博物馆财务、法务管理

- 博物馆各部门财务管理核心要素
- 博物馆各部门财务管理实施要点
- 博物馆法务管理关键点
- 博物馆法务管理实施要点

6. 博物馆资产管理（藏品、展品等）

- 博物馆各部门资产管理核心要素
- 博物馆各部门资产管理实施要点

管理人员（高级 / 高层）

（一）基本模块

1. 博物馆历史
- 博物馆历史发展的内在逻辑与外部驱动力
- 博物馆职能发展变迁的关键节点
- 当代博物馆几大职能的内涵外延挖掘

2. 博物馆核心价值
- 博物馆核心价值深入分析与研究
- 博物馆核心价值对博物馆发展的推动作用研究
- 博物馆核心价值建立与培养的核心要素

3. 博物馆文化内涵
- 博物馆文化内涵发展变迁的内外驱动力
- 博物馆文化内涵对博物馆乃至整个行业发展的推动作用研究
- 博物馆文化内涵的创新式挖掘

4. 博物馆发展趋势
- 博物馆发展动因分析
- 当今博物馆发展策略研究
- 未来博物馆发展的总体趋势与创新点

5. 新兴科学技术发展在博物馆发展中的应用
- 新兴科学技术发展的内外驱动力
- 新兴科学技术发展与博物馆发展关系的多元探索与研究
- 新兴科学技术发展在博物馆发展中应用的创新

（二）管理模块

1. 博物馆管理综述
- 博物馆管理的核心要素
- 博物馆管理的策略研究
- 博物馆管理的创新

2. 博物馆与社会
- 博物馆与社会的连接与融合
- 博物馆多元社会价值的探索
- 博物馆品牌塑造与资源共享的融合与创新

3. 博物馆运行与营销管理
- 博物馆运行管理与行业发展的连接与融合
- 博物馆运行管理的策略制定与创新研究
- 博物馆营销管理与行业发展的连接与融合
- 博物馆营销管理的策略制定与创新研究

4. 博物馆人力资源管理
- 博物馆人力资源管理与行业发展的连接与融合
- 博物馆人力资源管理策略制定
- 博物馆人力资源管理创新研究

5. 博物馆财务、法务管理

- 博物馆财务管理的关键控制点
- 博物馆财务管理策略研究
- 博物馆法务管理的关键控制点
- 博物馆法务管理策略研究

6. 博物馆资产管理（藏品、展品等）

- 博物馆资产管理的关键控制点
- 博物馆资产管理策略研究

收藏研究人员（初级 / 入门）

（一）基本模块

1. 博物馆历史

- 博物馆历史起源概述
- 博物馆职能的历史变迁
- 当代博物馆几大职能的基本要点

2. 博物馆核心价值

- 博物馆核心价值的发展变迁概述
- 当代博物馆的核心价值内容与意义概述
- 当代博物馆核心价值实现路径概述

3. 博物馆文化内涵

- 博物馆的文化内涵概述
- 博物馆文化内涵挖掘的意义概述
- 博物馆文化内涵的挖掘方法概述

4. 博物馆发展趋势

- 博物馆发展历程概述
- 当今博物馆重点发展领域概述
- 未来博物馆发展方向概述

5. 新兴科学技术发展在博物馆发展中的应用

- 科学技术发展的基本脉络
- 当今热门新兴科学发现概述
- 科学技术在博物馆中的应用概述
- 新兴科学发现对博物馆未来发展的支持作用概述

（二）收藏与研究模块

1. 博物馆研究历史

- 博物馆研究历史概述
- 博物馆各研究领域发展变迁

2. 博物馆研究的领域和特点

- 博物馆研究的重点领域简介
- 博物馆各领域研究的基本研究方法
- 博物馆各领域研究的基本研究内容

3. 博物馆收藏原则与方法

- 博物馆藏品征集的基本流程

- 博物馆藏品保存的基本原则
- 博物馆藏品保存的基本方法

4. 博物馆收藏管理

- 博物馆收藏管理的基本原则
- 博物馆主要的收藏管理办法
- 博物馆各类收藏管理办法的特点和适用范围

5. 基于收藏的衍生品研究

- 博物馆衍生品的基本概念
- 围绕博物馆藏品的衍生品开发的基本原则
- 围绕博物馆藏品的衍生品开发的基本方法

收藏研究人员（中级 / 中层）

（一）基本模块

1. 博物馆历史

- 博物馆历史发展脉络探究
- 博物馆职能发展变迁动因
- 当代博物馆几大职能的关键点

2. 博物馆核心价值

- 博物馆核心价值的内涵外延
- 博物馆核心价值对博物馆发展的推动作用
- 博物馆核心价值的建立与培养探究

3. 博物馆文化内涵

- 文化、科学与社会的联结
- 博物馆文化内涵与博物馆发展的关系
- 博物馆文化内涵的深入挖掘

4. 博物馆发展趋势

- 博物馆发展历程探究
- 当今博物馆发展的内外驱动力
- 未来博物馆发展的总体趋势

5. 新兴科学技术发展在博物馆发展中的应用

- 新兴科学技术发展的基本脉络、关键节点和内在逻辑
- 新兴科学技术发展与博物馆发展的关系探索
- 新兴科学技术发展在博物馆发展中应用的主要路径与关键步骤

（二）收藏与研究模块

1. 博物馆研究历史

- 博物馆研究发展变迁的内在逻辑
- 博物馆各研究领域发展的关键节点

2. 博物馆研究的领域和特点

- 博物馆各研究领域的侧重点
- 博物馆各研究领域的研究问题的发掘
- 博物馆各研究领域的主要方法

3. 博物馆收藏原则与方法

- 博物馆藏品征集的计划制定与实施要点
- 博物馆藏品保存的重要原则
- 博物馆藏品保存的主要方法

4. 博物馆收藏管理

- 博物馆几类重要的收藏管理方法及其内在逻辑
- 博物馆各类收藏管理方法在实践应用中的重点要点
- 灵活应用各类管理方法，提升管理效率

5. 基于收藏的衍生品研究

- 围绕博物馆藏品的衍生品研发的发展演变历史及内在逻辑
- 围绕博物馆藏品的衍生品研发的特点与原则分析
- 围绕博物馆藏品的衍生品研发的创新性研究

收藏研究人员（高级 / 高层）

（一）基本模块

1. 博物馆历史

- 博物馆历史发展的内在逻辑与外部驱动力
- 博物馆职能发展变迁的关键节点
- 当代博物馆几大职能的内涵外延挖掘

2. 博物馆核心价值

- 博物馆核心价值深入分析与研究
- 博物馆核心价值对博物馆发展的推动作用研究
- 博物馆核心价值建立与培养的核心要素

3. 博物馆文化内涵

- 博物馆文化内涵发展变迁的内外驱动力
- 博物馆文化内涵对博物馆乃至整个行业发展的推动作用研究
- 博物馆文化内涵的创新式挖掘

4. 博物馆发展趋势

- 博物馆发展动因分析
- 当今博物馆发展策略研究
- 未来博物馆发展的总体趋势与创新点

5. 新兴科学技术发展在博物馆发展中的应用

- 新兴科学技术发展的内外驱动力
- 新兴科学技术发展与博物馆发展关系的多元探索与研究
- 新兴科学技术发展在博物馆发展中应用的创新

（二）收藏与研究模块

1. 博物馆研究历史

- 博物馆研究发展变迁的内外因探究
- 博物馆各研究领域发展变迁的核心推动力

2. 博物馆研究的领域和特点

- 博物馆各研究领域的主流研究方向
- 博物馆各研究领域的最新研究成果与未来研究趋势

- 博物馆研究团队的构建与管理

3. 博物馆收藏原则与方法
- 博物馆藏品征集的渠道挖掘
- 博物馆藏品保存的关键点
- 博物馆藏品保存的创新方法

4. 博物馆收藏管理
- 博物馆收藏管理的整体原则与主要特点研究
- 博物馆收藏管理的策略制定与实施
- 博物馆收藏管理的创新性研究

5. 基于收藏的衍生品研究
- 围绕博物馆藏品的衍生品研发的创新点研究
- 围绕博物馆藏品的衍生品研发与宣传推广的连接
- 围绕博物馆藏品的衍生品研发对博物馆发展的意义研究

展教 / 展陈人员（初级 / 入门）

（一）基本模块

1. 博物馆历史
- 博物馆历史起源概述
- 博物馆职能的历史变迁
- 当代博物馆几大职能的基本要点

2. 博物馆核心价值
- 博物馆核心价值的发展变迁概述
- 当代博物馆的核心价值内容与意义概述
- 当代博物馆核心价值实现路径概述

3. 博物馆文化内涵
- 博物馆的文化内涵概述
- 博物馆文化内涵挖掘的意义概述
- 博物馆文化内涵的挖掘方法概述

4. 博物馆发展趋势
- 博物馆发展历程概述
- 当今博物馆重点发展领域概述
- 未来博物馆发展方向概述

5. 新兴科学技术发展在博物馆发展中的应用
- 科学技术发展的基本脉络
- 当今热门新兴科学发现概述
- 科学技术在博物馆中的应用概述
- 新兴科学发现对博物馆未来发展的支持作用概述

（二）教育模块

1. 博物馆中科学教育的定位、特点与责任
- 科学教育的基本概念
- 博物馆科学教育的定位概述
- 博物馆科学教育的特点概述

- 博物馆科学教育的责任概述

2. 相关学科基础理论在博物馆教育中的应用
- 相关学科基础理论简介
- 相关学科基础理论在博物馆教育中的应用概述

3. 博物馆展示教育方法与技巧
- 博物馆展示教育的基本方法
- 博物馆展示教育的基本技巧

4. 基于展陈的教育活动设计、开发与实施
- 展品与教育活动的基本联系
- 基于展陈的教育活动设计与开发基本模式
- 基于展陈的教育活动实施流程

5. 基于拓展的教育活动设计、开发与实施
- 拓展内容与教育活动的基本联系
- 基于拓展的教育活动设计与开发基本模式
- 基于拓展的教育活动实施流程

6. 混合式教育活动的设计、开发与实施
- 混合式教育活动的概念
- 混合式教育活动设计与开发基本模式
- 混合式教育活动实施流程

7. 教育活动研究与效果评价
- 教育活动研究的基本概念
- 教育活动效果评价的基本方法
- 教育活动效果评价的实施流程

（三）展陈设计模块

1. 展陈设计的基础理论与技术介绍（展陈设计、展示技术的发展等）
- 展示技术的发展变迁
- 展陈设计的发展变迁
- 展陈设计与展示技术的联系

2. 前期研究与策划（理念研究、文献研究、展览定位、展览主题等）
- 展陈设计理念研究的基本概念、方法与实施流程
- 展陈设计文献研究的基本概念、方法与实施流程
- 展陈设计展览定位的基本概念、方法与实施流程
- 展陈设计展览主题策划的基本概念、方法与实施流程

3. 内容与形式设计
- 展陈内容设计的基本方法与设计流程
- 展陈形式设计的基本方法与设计流程

4. 项目与质量管理
- 项目与质量管理的基本概念
- 项目与质量管理的基本方法
- 项目与质量管理的实施流程

5. 展陈效果评估
- 展陈效果评估的基本方法
- 展陈效果评估的实施流程

6. 协同化产品开发
- 协同化产品的基本概念
- 协同化产品开发的基本方法
- 协同化产品开发的实施流程

展教 / 展陈人员（中级 / 中层）

（一）基本模块

1. 博物馆历史
- 博物馆历史发展脉络探究
- 博物馆职能发展变迁动因
- 当代博物馆几大职能的关键点

2. 博物馆核心价值
- 博物馆核心价值的内涵外延
- 博物馆核心价值对博物馆发展的推动作用
- 博物馆核心价值的建立与培养探究

3. 博物馆文化内涵
- 文化、科学与社会的联结
- 博物馆文化内涵与博物馆发展的关系
- 博物馆文化内涵的深入挖掘

4. 博物馆发展趋势
- 博物馆发展历程探究
- 当今博物馆发展的内外驱动力
- 未来博物馆发展的总体趋势

5. 新兴科学技术发展在博物馆发展中的应用
- 新兴科学技术发展的基本脉络、关键节点和内在逻辑
- 新兴科学技术发展与博物馆发展的关系探索
- 新兴科学技术发展在博物馆发展中应用的主要路径与关键步骤

（二）教育模块

1. 博物馆中科学教育的定位、特点与责任
- 科学教育的内涵和外延
- 博物馆科学教育的定位分析
- 博物馆科学教育的特点探究
- 博物馆科学教育的社会责任探究

2. 相关学科基础理论在博物馆教育中的应用
- 相关学科基础理论探究
- 相关学科基础理论在博物馆教育中的应用探究

3. 博物馆展示教育方法与技巧
- 博物馆展示教育的方法探究
- 博物馆展示教育的技巧探究

4. 基于展陈的教育活动设计、开发与实施
- 展品与教育活动的多元化联系
- 基于展陈的教育活动设计与开发的多元模式探索

- 基于展陈的教育活动实施要点

5. 基于拓展的教育活动设计、开发与实施
- 拓展内容与教育活动的多元化联系
- 基于拓展的教育活动设计与开发的多元模式探索
- 基于拓展的教育活动实施要点

6. 混合式教育活动的设计、开发与实施
- 混合式教育活动的概念探究
- 混合式教育活动设计与开发的多元模式探索
- 混合式教育活动实施要点

7. 教育活动研究与效果评价
- 教育活动研究的几大方向
- 教育活动效果评价的方法探究
- 教育活动效果评价的实施要点

（三）展陈设计模块

1. 展陈设计的基础理论与技术介绍（展陈设计、展示技术的发展等）
- 展示技术发展的关键点
- 展陈设计发展的关键点
- 展陈设计与展示技术的多元联系探究

2. 前期研究与策划（理念研究、文献研究、展览定位、展览主题等）
- 展陈设计理念研究的要点与难点
- 展陈设计文献研究的要点与难点
- 展陈设计展览定位的要点与难点
- 展陈设计展览主题策划的要点与难点

3. 内容与形式设计
- 展陈内容设计的要点与难点
- 展陈形式设计的要点与难点

4. 项目与质量管理
- 项目与质量管理的原则
- 项目与质量管理的要点与难点

5. 展陈效果评估
- 展陈效果评估方法的优劣
- 展陈效果评估的要点与难点

6. 协同化产品开发
- 协同化产品开发的发展方向
- 协同化产品开发的基本原则
- 协同化产品开发的要点与难点

展教 / 展陈人员（高级 / 高层）

（一）基本模块

1. 博物馆历史
- 博物馆历史发展的内在逻辑与外部驱动力
- 博物馆职能发展变迁的关键节点

- 当代博物馆几大职能的内涵外延挖掘

2. 博物馆核心价值

- 博物馆核心价值深入分析与研究
- 博物馆核心价值对博物馆发展的推动作用研究
- 博物馆核心价值建立与培养的核心要素

3. 博物馆文化内涵

- 博物馆文化内涵发展变迁的内外驱动力
- 博物馆文化内涵对博物馆乃至整个行业发展的推动作用研究
- 博物馆文化内涵的创新式挖掘

4. 博物馆发展趋势

- 博物馆发展动因分析
- 当今博物馆发展策略研究
- 未来博物馆发展的总体趋势与创新点

5. 新兴科学技术发展在博物馆发展中的应用

- 新兴科学技术发展的内外驱动力
- 新兴科学技术发展与博物馆发展关系的多元探索与研究
- 新兴科学技术发展在博物馆发展中应用的创新

（二）教育模块

1. 博物馆中科学教育的定位、特点与责任

- 科学教育的核心理念与社会意义
- 博物馆科学教育的定位与博物馆发展的关联
- 博物馆科学教育的特点挖掘
- 博物馆科学教育的社会价值体现

2. 相关学科基础理论在博物馆教育中的应用

- 相关学科基础理论的核心要素
- 相关学科基础理论在博物馆教育中的创新应用

3. 博物馆展示教育方法与技巧

- 博物馆展示教育方法的创新
- 博物馆展示教育技巧的创新

4. 基于展陈的教育活动设计、开发与实施

- 展品与教育活动的创新连接
- 基于展陈的教育活动设计与开发的整体策划与创新探索
- 基于展陈的教育活动实施的管理要点

5. 基于拓展的教育活动设计、开发与实施

- 拓展内容与教育活动的创新连接
- 基于拓展的教育活动设计与开发的整体策划与创新探索
- 基于拓展的教育活动实施的管理要点

6. 混合式教育活动的设计、开发与实施

- 混合式教育活动的创新研究
- 混合式教育活动设计与开发的整体策划与创新探索
- 混合式教育活动实施的管理要点

7. 教育活动研究与效果评价

- 教育活动研究的前沿趋势

- 教育活动效果评价方法的融合与创新
- 教育活动效果评价实施的管理

（三）展陈设计模块

1. 展陈设计的基础理论与技术介绍（展陈设计、展示技术的发展等）
- 展示技术发展的驱动力
- 展陈设计发展的驱动力
- 展陈设计与展示技术的融合连接

2. 前期研究与策划（理念研究、文献研究、展览定位、展览主题等）
- 展陈设计理念研究的整体策划与创新研究
- 展陈设计文献研究的整体策划与创新研究
- 展陈设计展览定位的整体策划与创新研究
- 展陈设计展览主题的整体策划与创新研究

3. 内容与形式设计
- 展陈内容设计的整体策划与创新研究
- 展陈形式设计的整体策划与创新研究

4. 项目与质量管理
- 项目与质量管理的创新研究
- 项目与质量管理的整体策划
- 项目与质量管理的关键点

5. 展陈效果评估
- 展陈效果评估的策划
- 展陈效果评估实施的关键点

6. 协同化产品开发
- 协同化产品开发的创新路径探索
- 协同化产品开发的策划与管理
- 协同化产品开发与博物馆发展的联系

中国自然科学博物馆协会
2015 年年会暨动物艺术研讨会

中国自然科学博物馆协会 2015 年年会暨动物艺术研讨会在杭州隆重举行

2015 年 9 月 23—24 日，中国自然科学博物馆协会 2015 年年会暨动物艺术研讨会在浙江杭州隆重举行。大会以“融合与创新——自然科学博物馆在生态文明建设中的社会责任”为主题。中国科协、浙江省政府、浙江省文化厅、浙江省科协等有关方面领导同志，中国自然科学博物馆协会会员代表以及来自全国自然科学博物馆领域的专家学者和代表近 400 人参加了大会。

大会开幕式由中国科协党组成员、中国自然科学博物馆协会常务副理事长、中国科技馆馆长束为主持。浙江省政协副主席陈艳华致欢迎词，中国科协副主席、中国自然科学博物馆协会理事长程东红致欢迎词。中国工程院院士、中国科协副主席赵沁平，故宫博物院院长单霁翔，中国自然科学博物馆协会名誉理事长李象益、徐善衍等有关领导同志出席开幕式。

陈艳华在致辞中表示，中国自然科学博物馆协会 2015 年年会为浙江省和全国的自然科学类博物馆领域搭建了学术交流的良好平台，必将有力促进浙江自然科学博物馆界的创新与发展，加快这一领域理论水平的提高。同时希望浙江省自然科学博物馆以此为契机，在传播优秀生态文化、展示生态文明成果、助推全民投身生态文明建设的责任意识和参与意识中发挥出博物馆强大的教育引领作用。

程东红在致辞中指出，9 月 19 日全国科普日发布的第九次中国公民科学素质调查结果显示，在过去的一年中，公民参观过各类科普场馆的比例依次为：动物园、水族馆或植物园（53.7%），科技馆（22.7%），自然博物馆（22.1%），既表明我国公众通过科普设施获取科学知识和科技信息的机会增多、对科普设施的利用率较高，也提示科普基础设施向社会提供科学文化服务的重要性日益增强。她强调，我们正处于“改革·创新”为主旋律的时代，党和国家对新时期科技工作提出了新的更高的要求，中国自然科学博物馆协会作为兼具学术性和行业性的科技社团，要在中国科协的领导下，在继承中创新，在创新中发展，紧紧围绕“四个全面”战略布局，认真落实深化科技体制改革的各项工作，努力在引领自然科学博物馆发展的道路上更有作为。程东红要求自然科学博物馆从业者要抓住机遇，提升自身能力特别是学术能力，以服务我国公民科学素质建设为核心，以学术能力提升带动科普服务能力增强。她还对广大自然科学类博物馆工作者立足我国发展实际，努力提高自身的学术水平，以先进的理论指导自然科学类博物馆工作实践等方面提出了新的要求。

为鼓励全国自然科学博物馆行业青年工作者提升科研学术水平，年会开幕式上还颁发了“青年学者优秀论文奖”。中国自然科学博物馆协会副理事长、大会学术委员会主任、北京自然博物馆馆长孟庆金同志宣读了表彰奖励决定。

开幕式结束后，举行了年会首场主旨报告会，报告会由中国自然科学博物馆协会执行副理事长赵有利主持。中国工程院院士赵沁平做《虚拟现实 + 文化保护与利用》、故宫博物院院长单霁翔做《数字故宫——以故宫博物院为例》、台湾自然科学博物馆馆长孙维新做《在自然中看见科学·用科学来理解自然——谈博物馆在翻转教育中扮演的角色》的主旨报告。9 月 24 日上午举行第二场报告会，报告会由协会副理事长、上海科技馆馆长王小明主持。果壳网 CEO 嵇晓华做《一个互联网创业者的科学传播和自然科学博物馆情结》、北京汽车博物馆馆长杨蕊做《北京汽车博物馆管理运行的创新与实践》、浙江自然博物馆馆长严洪明做《探求自然与人文跨界合作展览的新途径》的主旨报告。

为了诠释大会主题并配合年会的召开，浙江自然博物馆还特别推出与河南博物院联合主办的“生命　超越——中原文化中的动物映像”、与台湾自然科学博物馆共同主办的“恐龙蛋　诞恐龙”双展。9 月 23 日晚，在浙江自然博物馆举行了展览开幕仪式。中国科协副主席、中国自然科学博物馆协会理事长程东红宣布展览开幕。中国自然科学博物馆协会名誉理事长李象益、徐善衍，浙江省文化厅副厅长、省文物局局长陈瑶，参会代表及浙江省文博单位等领导共同参加开幕仪式。浙江自然博物馆馆长严洪明、河南博物院院长田凯、台湾自然科学博物馆馆长孙维新在开幕仪式上分别致辞。

本届年会由中国自然科学博物馆协会主办，自然历史博物馆专业委员会、浙江自然博物馆、河南博物馆共同承办。按照“学术、交流、旗帜、平台”的定位，以各专业委员会在发展和建设中的共性为基础，以为会员服务为主旨，推进协会学术能力建设。年会就我国当前自然科学博物馆跨界融合、博物馆教育、新技术的挑战、管理与创新等方面开展了广泛的学术交流。大会设 2 场主旨报告会，特邀博物馆界和科普方面的著名专家学者带来 6 场高水平报告，同时设立 7 个分会场、2 个圆桌会议，多达 48 个分会场报告以及论文海报张贴，为与会代表提供了优良的学术氛围与交流平台。紧凑的两天主旨报告与学术交流，与会代表一起研讨学术理论、交流工作经验、共享最新学术信息，共商全国自然科学博物馆行业创新发展方略，为协会学术建设拓展了更为广阔的平台。

中国自然科学博物馆协会 2015 年年会暨动物艺术研讨会开幕词

程东红　中国自然科学博物馆协会理事长

2015 年 9 月 23 日

尊敬的陈艳华副主席、李象益名誉理事长、徐善衍名誉理事长，

尊敬的各位代表、专家、朋友们：

上午好！

“万顷湖平长似镜，四时月好最宜秋”。对于中国自然科学博物馆协会来说，今天是个令人欣喜的日子，我们齐聚美丽的西子湖畔，召开中国自然科学博物馆协会 2015 年年会暨动物艺术研讨会。在此，我谨代表中国自然科学博物馆协会向出席大会的专家学者、业界同人、领导嘉宾表示热烈欢迎！向为本次大会付出辛勤努力的承办方——自然历史博物馆专业委员会、浙江自然博物馆、河南博物院以及对年会给予大力支持的相关单位表示诚挚谢意！

各位同仁，上周末（9 月 19 日）全国科普日发布的第九次中国公民科学素质调查结果显示，在过去的一年中，公民参观过各类科普场馆的比例依次为：动物园、水族馆或植物园（53.7%），科技馆（22.7%），自然博物馆（22.1%）。请注意，这是对我国大陆 31 个省、区、市 18—69 岁公民的抽样调查（有效样本 69832 份），没有包括占自然科学类博物馆观众比例最高的 18 岁以下少年儿童。这些数据既表明我国公众通过科普设施获取科学知识和科技信息的机会增多、对科普设施的利用率较高，也提示科普基础设施向社会提供科学文化服务的重要性日益增强。作为工作在自然科学类博物馆领域的科技工作者，我们深感肩上责任之重、深知发展自然科学类博物馆的意义之大。

中国第一座国立自然科学博物馆——中国地质博物馆将于 2016 年隆重纪念其百年华诞。回顾我国自然科学类博物馆百年发展历程，有一支高水平的自然科学博物馆领域的科技力量是这个事业能延绵不绝、砥砺前行的中坚。今天，我们处于中国自然科学博物馆发展最好的历史时期，政府与社会对科普基础设施的投入与支持力度达到前所未有的水平。但我们深知，这些“外因”的高水平并不能带来我们自身水平的自然提升。我们要更加努力地学习，更加积极地交流，更加勇敢地创新，才能不负重托、不辱使命。

正是基于以上考虑，协会六届理事会在以往五届深厚积淀的学术工作基础上，进一步明确了以学术作为协会发展的第一支撑。举办学术年会、促进本领域八个专委会之间学术交叉与融合，就是学术立会的重要体现。

本次年会是协会举办的首次大型学术年会，以“融合与创新——自然科学博物馆在生态文明建设中的社会责任”作为大会主题，明确了“学术、交流、旗帜、平台”这一工作定位。大会以各专委会在发展和建设中的

共性为基础，聚焦自然科学博物馆界的发展，鼓励专委会间的跨界交流与合作。为了加强本次年会学术活动的针对性和可操作性，围绕主题设置了7个分会场和2个圆桌会议，就我国当前自然科学博物馆跨界融合、博物馆教育、新技术的挑战、管理与创新等方面开展了广泛的学术交流。更荣幸的是，我们邀请到了重量级的大会主旨报告人——赵沁平院士、单霁翔院长、孙维新馆长、姬十三先生、杨蕊馆长和严洪明馆长。我相信，各位代表在聆听主旨报告后，必定会有非同寻常的收获。

为鼓励自然科学博物馆青年科技工作者积极参与高水平学术活动、促进青年科普人才成长，协会决定在每届年会设立“青年学者优秀论文奖”，授予男性35岁以下、女性38岁以下的入选学术论文作者。经大会学术委员会评审，今年将有29位青年人获此奖项。

各位代表、朋友们，我们正处于“改革·创新”为主旋律的时代，党和国家对新时期科技工作提出了新的更高的要求，中国自然科学博物馆协会作为兼具学术性和行业性的科技社团，要在中国科协的领导下，在继承中创新，在创新中发展，紧紧围绕“四个全面”战略布局，认真落实深化科技体制改革的各项工作，努力在引领自然科学博物馆发展的道路上更有作为。我们必须抓住机遇，提升自身能力特别是学术能力，以服务我国公民科学素质建设为核心，以学术能力提升带动科普服务能力增强。希望广大自然科学类博物馆工作者把握创新机遇，增强创新自信，以世界一流科普场馆为目标，立足我国发展实际，努力提高自身的学术水平，以先进的理论指导自然科学类博物馆工作实践。

各位同仁、朋友们，友谊只有交流才能加深，智慧只有碰撞才能升华。我相信，通过本次学术年会搭建的良好平台，通过各位与会专家和同仁的广泛交流、深入研讨，必能汇集博物馆人的智慧，谱写我国自然科学类博物馆发展的新篇章。

最后，预祝2015年年会暨动物艺术研讨会圆满成功！谢谢。

大会主旨报告及分会场报告

大会主旨报告

报告人：赵沁平

北京航空航天大学教授，中国工程院院士。虚拟现实技术与系统国家重点实验室主任，中国系统仿真学会理事长。长期从事计算机软件、虚拟现实技术等方向的科学技术研究。在我国最早开发建立了分布式虚拟环境，带领团队研制了实时三维图形平台、分布交互仿真应用程序运行平台等虚拟现实基础软件，组织开发了虚实融合的飞机驾驶舱设计评估系统、机械装置拆装维护训练系统、北京奥运会开幕式节目创意仿真与流程监控系统和建国 60 周年国庆阅兵方案三维推演和决策系统等虚拟现实应用系统。发表学术论文 180 余篇，出版专著 3 部，获国家发明专利授权 50 余项；获国家科技进步一等奖 1 项、二等奖 2 项，国家技术发明二等奖 1 项，省部级科技奖 9 项。

报告题目：虚拟现实 + 文化保护与利用

主要内容：虚拟现实技术正在全面进入国家发展战略和大众生活，虚拟现实 + 成为发展趋势。人所感知的世界将成为人难以区分的真实和虚拟两个世界，或者虚实混合的新世界。通过视频实例简要介绍虚拟现实在军事、制造、航空航天、医学、商务、教育，特别是文化遗产保护与利用以及虚拟博物馆、虚拟科技馆建设中的应用；同时介绍了构造虚拟现实应用系统所需要的主要技术，最后指出目前虚拟现实在文化应用中需要解决的关键技术。

报告人：单霁翔

研究馆员，高级建筑师，注册城市规划师。毕业于清华大学建筑学院城市规划与设计专业，师从两院院士吴良镛教授。1980 — 1984 年赴日本留学期间，开始从事关于历史性城市与历史文化街区保护规划的研究工作。回国以后，历任北京市文物局局长、房山区委书记、北京市规划委员会主任、国家文物局局长。2012 年 1 月，任故宫博物院院长，兼任北京大学、清华大学等高等院校教授、博士生导师。2005 年 3 月，获美国规划协会“规划事业杰出人物奖”。2014 年 9 月，获国际文物修复学会“福布斯奖”。出版《文化遗产 · 思行文丛》等十余部专著及百余篇学术论文。

报告题目：数字故宫——以故宫博物院为例

报告人：孙维新

1979年毕业于台湾大学物理系，1987年获美国加州大学洛杉矶分校天文学博士学位。曾于台湾多所高校任教，任天文学会理事长，致力于创新发展天文教育方法、推动天文科普活动。曾主持制作科普影片，获台湾多项教育奖项。2011年起任台中自然科学博物馆馆长，该馆于2014年获美国专业年报评选的全世界前20大博物馆之一。

报告题目：在自然中看见科学·用科学来理解自然——谈博物馆在翻转教育中扮演的角色

主要内容：科学常让人觉得艰深枯燥，但实际上科学现象在大自然中无所不在，自然界的花草虫鱼美观而又亲切，博物馆可以从自然现象入手，带领民众、学生一窥自然现象背后的科学道理！将自然与科技结合，可以创造内涵丰富又充满趣味的科普环境，引起年轻一代对科学的兴趣，将学习的主动权交还给学生，达成翻转教育的核心理念。

报告人：嵇晓华（姬十三）

果壳网创始人兼CEO，神经生物学博士。嵇晓华自2004年起开始科学写作，先后在10多家媒体开设科学专栏。2008年4月，发起公益项目“科学松鼠会”。2010年11月，嵇晓华创办果壳网，倡导“让科学流行起来”“科技有意思”，长期致力于推动知识传播及知识获取模式的革命、打造优秀的科技知识社区，并借此平台推动“万有青年烩”“菠萝科学奖”等跨界对话项目，获挚信资本等知名VC机构投资。曾获上海大众科学奖、全国科普先进工作者、时尚先生年度科学传播人物等荣誉。

报告题目：一个互联网创业者的科学传播和自然科学博物馆情结

主要内容：在互联网+的热潮下，互联网+自然科学博物馆会擦出怎样的火花？以互联网产品的思维方式，看自然科学博物馆和科学传播还做什么？自然科学博物馆的使命在未来将会发生怎样的改变？演讲嘉宾从一个神经生物学博士的个人科学写作开始从事科普活动，10年来遍尝科学传播的各种方式。此次，他将分享10年来利用互联网进行科学传播的经验，与大家共同探讨自然科学博物馆令人向往的未来。

报告人：杨蕊

北京汽车博物馆馆长，高级经济师。中国博物馆协会理事、中国自然科学博物馆协会理事、中国汽车工程学会常务理事、北京运动模型协会副会长。参与组织建设北京市重点工程项目——北京汽车博物馆。北京汽车博物馆自2011年开馆，实现了连续四年100%运行开放。组织完成全国和北京市服务标准化工作验收，创建全国服务业标准化示范单位。北京汽车博物馆是全国科普基地、爱国主义教育基地、中小学生社会大课堂及“国家4A级旅游景区”。

报告题目：北京汽车博物馆管理运行的创新与实践

主要内容：如何管理好、运营好、发展好一座汽车科技专题类博物馆？如何让汽车博物馆能够持续的有文化、有内涵、有活力？如何让更多的青少年和社会大众愿意走进汽车博物馆，享受到更优质的科普教育文化服务？如何在5万平方米的建筑物里，让人、财、事、物、信息不堵不偏地运转？如何让500余人的团队能够在自己的岗位上找到同生同长的归属感和自豪感？如何实现“依法依规治馆”，而不是“依人治馆”？报告对北京汽车博物馆创建国家服务业标准化的案例做了简析，从业务流程和服务事项的梳理切入，就观众服务、展项研发与管理、场馆设备管理、采购管理、合同管理、财务管理及人力资源管理等方面的创新与实践做了重点阐述。

报告人：严洪明

研究馆员，浙江自然博物馆馆长，中国博物馆协会常务理事，中国自然科学博物馆协会常务理事。从事文博工作28年，注重实践与理论思考，在新馆筹建、展览筹划、科普教育等方面有较深入研究，发表博物馆学研究文章10余篇，编辑书籍多部，具有较高的理论水平和实践能力。

报告题目：探求自然与人文跨界合作展览的新途径

主要内容：时下，跨界合作已成为博物馆创新发展的热门话题。自然博物馆的策展如何创新突破，跨界合作是一条新途径。21世纪的自然博物馆应当承载起“用自然的视角看人文、用人文的视角看自然”的使命，运用科学和历史的思维，用讲述故事的形式去探索文物背后的科学，阐释文化多样性与环境多样性之间的密切关系，使自然类展览因加入人文因素而更加有趣，人文类展览因加入自然素材而更加精彩。报告对当前国内外博物馆跨界办展的案例作了简析，并用跨界合作的理念就自然与人文相融合策展的理论依据以及跨界展览的形式、优势和效果等作了阐述。

分会场报告

S1 展览与教育　　召集人：贾跃明				
时间：9月23日下午　　地点：五楼多功能厅				
时间	报告人	报告题目	单位	备注
14:00—14:45	李雯雯	浅谈博物馆公众服务体系研究与建设——以中国地质博物馆为例	中国地质博物馆	特邀报告
14:45—15:05	王佳瑞	开拓博物馆展陈新格局——试析新形势下依托“特展”激发展览教育新活力	甘肃地质博物馆	专题报告
15:05—15:25	王　翠	依托场馆资源的科技馆科学教育——以“蜜蜂王国探秘”项目为案例	黑龙江科学技术馆	专题报告
15:25—15:45	杨　佳	自然博物馆中微观世界展示形式研究	浙江自然博物馆	专题报告
15:45—16:05	张志坚	“节水之旅”教育活动的设计和实施	中国科学技术馆	专题报告
16:05—16:20	彭艳菊	中国地质博物馆标本免费咨询平台现状分析	中国地质博物馆	一般报告
16:20—17:00		分会场研讨		

S2 科学与艺术　　召集人：朱　进				
时间：9 月 23 日下午　　地点：301 会议室				
时间	报告人	报告题目	单位	备注
14:00—14:25	隋家忠	科学技术与文学艺术之关系的多重性	青岛市科技馆	特邀报告
14:25—14:50	李志毅	融合电影技术与艺术，助力科普剧场	日照市科技馆	特邀报告
14:50—15:15	马　劲	代表宇宙卖萌——漫画与天文科普结合的探索与实践	北京天文馆	特邀报告
15:15—15:35	张　磊	科学画：撬动博物学教育的有效杠杆	湖北省科学技术馆	专题报告
15:35—15:55	王思宇	不可“言传”的科学史——科学绘画的本质与功能	浙江自然博物馆	专题报告
15:55—16:15	陈　阳	试论河姆渡 T21④：18 骨匕柄上的鸟类纹饰	浙江自然博物馆	专题报告
16:15—17:00		分会场研讨		

S3 新技术与应用　　召集人：沈镇昭、于　湘				
时间：9 月 23 日下午　　地点：202 会议室				
时间	报告人	报告题目	单位	备注
14:00—14:45	韩　涵	“互联网+”时代自然科学博物馆数字多媒体技术之应用——探讨青岛海洋科技馆	青岛海洋科技馆	特邀报告
14:45—15:00	张　洋	植物标本数字化技术及数字化标本在自然博物馆中的应用	浙江自然博物馆	专题报告
15:00—15:20	武昭晖	RFID 技术在博物馆藏品管理中的应用	中国地质博物馆	专题报告
15:20—15:40	闻　娟	数字科普场馆 3D 打印展教活动的实践与探索	北京师范大学	专题报告
15:40—16:00	张　凯	信息化视域下“绿色科普”的业态变化	河南省科学技术馆	专题报告
16:00—16:15	陈　剑	特种影视技术与沉浸式体验	上海睿宏文化传播有限公司	一般报告
16:15—17:00		分会场研讨		

S4 管理与创新　　召集人：齐继光				
时间：9 月 23 日下午　　地点：101 会议室				
时间	报告人	报告题目	单位	备注
14:00—14:45	朱幼文	我国科技博物馆所需要的高端展教人才及其专业素质与技能	中国科学技术馆	特邀报告
14:45—15:05	姜　娇	我国自然博物馆动物学研究定位探析	浙江自然博物馆	专题报告
15:05—15:25	何　娟	丝绸之路经济带背景下做好博物馆工作新思路——以甘肃地质博物馆为例	甘肃地质博物馆	专题报告
15:25—15:45	刘勤学	让动物标本成为明星——博物馆与商家跨界合作实践	大连自然博物馆	专题报告
15:45—16:05	曹　楠	科技类博物馆展项研发及运行管理标准化创建及探讨——以北京汽车博物馆为例	北京汽车博物馆	专题报告
16:05—17:00		分会场研讨		

R1 免费开放下科技馆面临的机遇与挑战　召集人：梅玉军			
时间：9 月 23 日下午　地点：201 会议室			
时间	会议内容	单位	报告人
13:30—13:40	讲话	中国科协科普部	刘亚东
13:40—14:00	科技馆免费开放调查情况汇报	中国自然科学博物馆协会	杨　力
14:00—15:10	特邀代表发言	天津科学技术馆	李玉明
		黑龙江科学技术馆	张成贵
		江苏省科学技术馆	汪立祥
		重庆科技馆	黄　迪
		中国杭州低碳科技馆	吉京杭
		葫芦岛市科学技术馆	孙　威
		广西防城港市科技馆	翟浩百
15:10—16:10	分会场研讨		参会人员
16:10—16:40	专题报告	中国科协、中国科学技术馆	束　为

S5 国土资源博物馆在生态文明建设中的机遇与挑战　召集人：贾跃明				
时间：9 月 24 日下午　地点：201 会议室				
时间	报告人	报告题目	单位	备注
14:00—14:45	魏海泉	火山地质公园是天然的生态博物馆	国家地震局	特邀报告
14:45—15:20	王丽霞	丝绸之路的化石保护	国家古生物化石专家办公室	特邀报告
15:20—15:40	杨小男 何哲峰	生态文明建设引领国土资源博物馆发展：浅谈博物馆藏品数字化建设框架	中国地质博物馆	专题报告
15:40—16:00	金文斌	甘肃省国土资源科普能力建设的现状及建议	甘肃地质博物馆	专题报告
16:00—16:20	缪蓓蓓	浅谈自然博物馆在科普活动中的定位	安徽省地质博物馆	专题报告
16:20—16:40	郑文杰	博物馆古生物展示定期更新的必要性	浙江自然博物馆	专题报告
16:40—17:00		分会场研讨		

S6《动物与文化》专题报告　召集人：曹玉星、陈水华				
时间：9 月 24 日下午　地点：301 会议室				
时间	报告人	报告题目	单位	备注
14:00—14:45	方向明	法术 · 宗教 · 文明——长江下游远古时代的观念动物艺术	浙江省考古研究所	特邀报告
14:45—15:05	李　琴	鸱鸮的文化内涵——从妇好鸮尊谈起	河南博物院	特邀报告
15:05—15:25	康爱华	新石器时代氏族聚落区的神鸟崇拜	如皋市文物事业管理委员会	专题报告
15:25—15:45	胡鸣镝	动物标本造型中的动态美	吉林省自然博物馆	专题报告
15:45—16:05	徐锦顺	北齐皇帝与马	河南博物院	专题报告
16:05—16:35	范忠勇	中国传统动物入药与动物保护	浙江自然博物馆	特邀报告
16:35—17:00		分会场研讨		

S7 行业博物馆与传播　　召集人：沈镇昭、周宏亮				
时间：9 月 24 日下午　　地点：202 会议室				
时间	报告人	报告题目	单位	备注
14:00—14:45	唐志强	行业博物馆的现状、特点与对策	中国农业博物馆	特邀报告
14:45—15:05	阳　勇	行业博物馆展览展示之我见	航空博物馆	专题报告
15:05—15:25	孟庆学	浅谈行业博物馆的科普教育	中国煤炭博物馆	专题报告
15:25—15:45	吴　千	与社会教育有效融合是博物馆可持续发展的新动力	中国铁道博物馆	专题报告
15:45—16:05	朱一鸣	新形势下自然科学博物馆讲解员的科学培养初探——以中国农业博物馆为例	中国农业博物馆	专题报告
16:05—16:20	陈　芳	科普教育活动——博物馆发挥教育功能的重要载体	浙江自然博物馆	一般报告
16:20—16:35	郝自强	“请进来，走出去”发挥博物馆科普阵地作用	中国消防博物馆	一般报告
16:35—16:50	冯巧娟	专题博物馆科普教育的探索与实践——以北京汽车博物馆为例	北京汽车博物馆	一般报告
16:50—17:00		分会场研讨		

R2 博物馆致力于社会的可持续发展　　召集人：陈博君				
时间：9 月 24 日下午　　地点：101 会议室				
时间	报告人	报告题目	单位	备注
14:00—14:45	李　璠	以博物馆为心，画科普宣教的大圆	北京野鸭湖湿地博物馆	特邀报告
14:45—15:00	郑为贵	关于 4D 影院运行管理的几点思考	中国湿地博物馆	一般报告
15:00—15:15	夏宇飞	关于湿地博物馆中静态与动态展示手段综合应用的探讨	合肥安达创展科技股份有限公司	一般报告
15:15—15:30	李　莉	当城市绿肺的呼吸遇到求是文化的共鸣	浙大求是物业公司	一般报告
15:30—15:45	张　正	设计让博物馆衍生品流行起来	杭州唐马仕文化创意有限公司	一般报告
16:00—17:00		分会场研讨		

青年学者优秀论文奖获奖名单

一等奖

序号	论文题目	作者	性别	出生日期	单位
1	与社会教育有效融合是博物馆可持续发展的新动力	吴　千	女	1983-01-31	中国铁道博物馆
2	生态文明建设引领国土资源博物馆发展：浅谈博物馆藏品数字化建设框架	杨小男 何哲峰	男	1983-08-03 1983-08-03	中国地质博物馆
3	丝绸之路经济带背景下做好博物馆工作新思路——以甘肃地质博物馆为例	何　娟	女	1986-02-21	甘肃地质博物馆
4	依托场馆资源的科技馆科学教育——以“蜜蜂王国探秘”项目为案例	王　翠	女	1982-04-15	黑龙江省科学技术馆
5	科技类博物馆展项研发及运行管理标准化创建及探讨——以北京汽车博物馆为例	曹　楠	男	1984-06-02	北京汽车博物馆
6	浅谈古生物化石数字模型在博物馆的开发与应用	刘思昭 黄文娟	女	1983-11-26 1979-07-31	大连自然博物馆
7	我国自然博物馆动物学研究定位探析	姜　娇	女	1987-05-28	浙江自然博物馆
8	自然博物馆中微观世界展示形式研究	杨　佳	女	1979-02-28	浙江自然博物馆
9	“节水之旅”教育活动的设计和实施	张志坚	男	1987-11-07	中国科技馆
10	“互联网 +”时代自然科学博物馆多媒体技术的应用探讨	韩　涵	男	1986-04-15	青岛海洋科技馆

二等奖

序号	论文题目	作者	性别	出生日期	单位
1	RFID 技术在博物馆藏品管理中的应用	武昭晖	女	1979-02-15	中国地质博物馆
2	如何通过展览辅导将分散孤立的展品串联起来	程婉舒	女	1989-11-21	吉林省科技馆

续表

序号	论文题目	作者	性别	出生日期	单位
3	基于人脸识别技术的互动剧场在博物馆中的应用初探——以大连自然博物馆科普互动小剧场为例	张　旭 李晓丹	男 女	1983-10-21 1983-12-12	大连自然博物馆
4	自然博物馆科普教育与学校教育的对接与合作	李晓丹 刘　丽	女	1983-12-12 1985-02-23	大连自然博物馆
5	试论河姆渡 T21 ④：18 骨匕柄上的鸟类纹饰	陈　阳	女	1989-01-31	浙江自然博物馆
6	浅谈自然博物馆在科普活动中的定位	缪蓓蓓	女	1983-06-29	安徽省地质博物馆
7	基于感性消费心理浅谈博物馆文化创意产品设计思路	叶　鸣 黄文娟	女	1983-12-13 1979-07-31	大连自然博物馆
8	科学画：撬动博物学教育的有效杠杆	张　磊	女	1991-02-07	湖北省科技馆
9	信息化视域下“绿色科普”的业态变化	张　凯	男	1985-11-18	河南省科技馆
10	植物标本数字化技术及数字化标本在自然博物馆的应用	张　洋	女	1983-02-22	浙江自然博物馆
11	移动互联网技术在科普中的应用探索	龚　晗		1982-07-08	黑龙江省科学技术馆
12	科技馆展览教育与生态文明建设	王　苗	女	1986-05-27	山西省科技馆
13	新形势下自然科学博物馆讲解员的科学培养初探——以中国农业博物馆为例	朱一鸣	女	1988-10-30	中国农业博物馆
14	公共文化语境中博物馆观众的主题性分析	徐明	女	1983-12-06	浙江自然博物馆
15	博物馆古生物展示定期更新的必要性	郑文杰	男	1982-10-23	浙江自然博物馆
16	不可“言传”的科学史——科学绘画的本质与功能	王思宇	女	1987-05-04	浙江自然博物馆
17	爬行动物形象的转变	顾圣啸	男	1986-12-25	浙江自然博物馆
18	从东京环保产品展看环保类展览的发展趋势	杨　溪	女	1984-12-26	中国铁道博物馆
19	中国地质博物馆标本免费咨询平台现状分析	彭艳菊	女	1978-11-08	中国地质博物馆

自然科学类博物馆管理技能、策略与实务培训班

培训日程安排

日期	时间	主题	内容	专家	地点
11 月 22 日	9:00—20:00	签到			
11 月 23 日	8:30—9:00	开班仪式、合影	辽宁省科协领导讲话 辽宁省科学技术馆馆长致欢迎词 中国科协科学普及部副部长宣布开班		第四会议室
	9:00—12:00	大自然：一本打开的书——自然科学博物馆的教育之路	自然科学博物馆使命、演变以及当代自然科学博物馆面对的问题	严建强（浙江大学人文学院文物及博物馆系系主任、教授）	第四会议室
	12:00—13:00	午餐			
	14:00—17:00	事业单位分类改革与人事管理	事业单位分类、宏观制度与人事管理条例	马新（人社部事业单位人事管理司综合监督处调研员）	第四会议室
	17:30—20:00	晚餐			
11 月 24 日	9:00—12:00	公共管理概论	公共管理的逻辑、框架与趋势	褚松燕（国家行政学院政治学教研部教授）	第四会议室
	14:00—17:00	预算管理“新常态”与公益事业单位预算管理	预算管理的“新常态”与新要求、改进公益性事业单位预算管理的思路与建议	武靖州（财政部财政科学研究所副研究员）	第四会议室
	17:30—19:00	晚餐			
11 月 25 日	9:00—12:00	自然科学博物馆藏品管理——以自然博物馆为例	博物馆藏品收藏、保管、使用及其管理概述	孟庆金（北京自然博物馆馆长、研究员）	第四会议室
	12:00—13:00	午餐			
	13:00—14:30	参观辽宁省博物馆			辽宁省博物馆
	14:30—17:30	提升我国科技博物馆科普展教能力的方向与路径		朱幼文（中国科学技术馆研究员）	第四会议室
	17:30—19:00	晚餐			

续表

日期	时间	主题	内容		地点
11月26日	9:00—12:00	博物馆运营管理探讨	如何构建一套科学合理的自然科学博物馆运营管理制度	杨蕊（北京汽车博物馆馆长、高级经济师）	第四会议室
	12:00—13:00	午餐			
	14:00—17:00	自然科学类博物馆与社会的连接与融合	自然科学类博物馆与社会的连接与融合的意义、价值、途径与保障等	王小明（上海科技馆馆长、教授）	第四会议室
	18:00—20:00	自然科学类博物馆资源共享路径讨论（实践讨论）			第四会议室
11月27日	9:00—12:00	信息技术在场馆教育中的应用	移动APP、微视频等在场馆中的应用方式	鲍贤清（上海师范大学教育技术系副教授）	第四会议室
	14:00—17:00	场馆学习活动设计（实践讨论）	基于案例探讨场馆学习的特点、设计方法和评价手段		第四会议室
	17:30—19:00	晚餐			
	18:00—20:00	各组研讨、总结	讨论、总结、评估	各组组长（主持）	
11月28日	9:00—12:00	各组总结汇报		中国自然科学博物馆协会秘书长（主持并总结）	第四会议室
	13:00—17:00	参观辽宁省科学技术馆、档案馆			辽宁省科学技术馆、档案馆
	17:30—20:00	晚餐			
11月29日	全天	离会			

自然科学类博物馆管理技能、策略与实务培训班在辽宁沈阳成功举办

11 月 22—29 日，自然科学类博物馆管理技能、策略与实务培训班在辽宁省沈阳市成功举行。本次培训班由中国自然科学博物馆协会主办，辽宁省科学技术馆、科普与教育工作委员会承办。来自全国 27 个省、自治区、直辖市的分属协会 8 个专业委员会的 80 余名学员参加了培训。

11 月 23 日，培训班开班仪式在辽宁省科学技术馆举行。开幕式由辽宁省科学技术馆馆长张英群主持。辽宁省科协副主席王元立出席并致欢迎辞。中国自然科学博物馆协会执行副理事长赵有利讲话并宣布开班。赵有利介绍了培训班从研究项目到筹备开班的全过程，他欢迎全国自然科学类博物馆从业人员来到培训班学习，勉励学员们珍惜学习机会、实现自我充实与提高。

自然科学类博物馆管理技能、策略与实务培训班是协会依据《全国自然科学类博物馆人才继续教育工作指南》的指导思想精心设计并直接组织举办的。培训以理论结合实践的形式，面向会员场馆的中层管理人员开展。培训班获得了人力资源与社会保障部“专业技术人才知识更新工程”岗位培训项目备案以及中国科协“学会会员知识更新工程项目”资助，将为培训合格学员颁发由人力资源与社会保障部认证的合格证书。因此，本次培训班是中国自然科学博物馆协会继续教育最高规格的培训，是协会继续教育工作的一个里程碑。

培训班围绕“管理”这一中心主题，精心设置了课程，邀请了来自管理部门、高校、研究机构以及国内科普行业的专家进行授课。为期 7 天的培训班将有 9 位专家带来 11 个项目的课程。培训内容丰富，既有场馆管理方面的政策法规分析与解读，又有博物馆、传播学方面的理论与实例解析、经验分享；有管理理论的讲解，也有成功管理实例的经验分享与推广；既有场馆活动设计，也有新技术的应用，培训的内容涵盖了自然科学类博物馆管理的各个角度和层面。人社部调研员马新、财政部武靖州副研究员、国家行政学院褚松燕教授带来了最新政策解读与理论分析；浙江大学的严建强教授、上海师范大学的鲍贤清副教授从理论到实践系统讲解了博物馆教育理论与教育活动策划设计；来自科普场馆的馆长孟庆金、王小明、杨蕊以及朱幼文研究员则从场馆管理工作实际出发，与学员们分享工作经验、探讨场馆发展之路。全面丰富的课程令学员们大呼过瘾，收获颇丰。

培训班结业仪式于 11 月 28 日举行，由中国自然科学博物馆协会秘书长陈洪庆主持仪式。中国科协科普部副部长刘亚东出席并总结致辞，他肯定了本次培训班取得的成绩，为将来的继续教育工作指明了方向，同时还向培训班传达了习近平总书记“致 2015 世界机器人大会贺信”中的精神以及国家副主席李源潮同志在科普信息化工作座谈会上讲话的精神，令与会代表倍受鼓舞。学员代表在结业式上各展所长，以极大的热情和新颖的创意分享了自己的收获，可以说把培训的成果即时呈现出来；同时也真诚地向培训班提出了建议。学员们不但在理论与技能方面有了充实和提高，同时也开阔了眼界、增进了交流、收获了友谊。培训班在一周的紧张学习后圆满落幕。

附　　录

协会大事记

中国自然科学博物馆协会 2015 年大事记

服务创新型国家和社会建设

2015 年，科技馆专委会组织有关人员从科技馆体系对展教人才的要求，从教育活动开发与实施对展教人员工作性质、所需素质、技能的要求，从展教人才队伍建设、培训与培养以及科技馆教育人员职业发展路径等多个方面开展调研，研究成果将引领科技辅导员这一职业的发展与转型。作为研究书面成果，完成了《科技馆展教人才队伍建设研究报告》以及《科学技术馆科技辅导员从业资格管理办法》《科学技术馆科技辅导员职业标准》《科学技术馆教育人员专业技术职务任职资格评审条件》三个文件的中国科技馆试行版，基本完成“科技辅导员从业资格——中国科技馆试行版”基础知识考试题库（3000 道）的创编任务，开展了首次科技辅导员职业现状调查。这为今后制定和推行切实可行的政策、文件、条例等提供了参考，也为制订科技馆“十三五”发展规划奠定了基础。

6 月 8—9 日，第四届全国科技馆辅导员大赛决赛在浙江省科技馆举行。比赛由中国自然科学博物馆协会科技馆专业委员会主办。中国科协、中国自然科学博物馆协会、中国科技馆发展基金会、科技馆专业委员会和部分省市科协、科技馆领导及参赛选手、观摩人员共 400 人出席了大赛。本届参赛场馆数量为历届之最，展现了科技馆辅导员和科技馆教育活动的高水平。大赛在科技馆教育活动方面从内容和形式上都进行了创新，借助网络平台开展了系列配套的线上、线下活动，是大赛创办以来效果最好、宣传力度最大的一届。

科技馆免费开放是党和政府科普惠民的重要举措。5 月 16 日，科协系统内部 92 家科技馆试点免费开放，社会反响强烈。免费开放工作办公室设在中国自然科学博物馆协会秘书处。办公室完成了全国科技馆免费开放情况汇总、信息收集、协助核算资金等工作，并初步开展免费开放试点科技馆实地核查和绩效考核。11 月底至 12 月初，博协秘书在中国科协部署下，组织全国 35 位专家，分成 16 组赴 28 个省区市开展全国科技馆免费开放运行情况实地调研，这是首次大面积、全覆盖盘点免费开放科技馆具体情况，调研中摸清了情况、发现了问题，也为今后免费开放工作理顺了思路。

学会建设

7 月 17—19 日，协会在黑龙江大庆组织召开地方自然科学博物馆协会 2015 年工作会议。程东红、赵有利同志出席，10 余家地方自然科学博物馆协会理事长、秘书长参加会议。会议就自然科学博物馆协会在地方科普场馆建设、科普活动、科普惠民中发挥的作用进行了深入探讨，并重点研讨了 ASPAC2016 年年会、全国科技馆试点免费开放等工作。2015 年，黑龙江、广西等多家地方自然科学博物馆协会成立，这一工作平台呈现良好发展势头。

9月22日，中国自然科学博物馆协会六届三次常务理事会在杭州召开。程东红、束为、赵有利、陈洪庆等领导同志出席会议。会上，程东红理事长向各位常务理事汇报了自上次常务理事会以来协会对会议决议的落实情况以及下一步的工作考虑；赵有利副理事长报告了关于协会更名及章程修改的相关事宜；陈洪庆秘书长向常务理事会报告了协会人员变更的有关事宜。此外，协会通过通讯方式召开数次通讯常务理事会和理事会，对协会重大事务进行决策。

2015年，协会会员发展工作平稳推进，发展单位会员46家、个人会员33人。协会目前共有在册单位会员574家。2015年收缴会费41万元。

协会新版网站于10月试运行。为适应全新的互联网信息化环境、扩大影响力，为会员和社会公众搭建更便捷的信息动态平台，协会对原有网站进行了全面改版，形式和内容进行全新升级，增设了新的互动功能和用户服务入口，信息获取更清晰，会员与协会沟通更便捷。

2015年协会会员管理系统进一步完善。为实现会员管理信息化，以协会新版网站为平台，初步设立会员管理系统，逐步实现会员入会、登记、管理工作的全程信息化操作，并在此基础上建立会员数据库。7月至10月，以此平台为基础进行了会员信息重新登记，使得会员数据库进一步完善。

学术期刊

创办协会学术期刊《自然科学博物馆研究》成为2015年协会的重点工作。经过一年的努力，协会工作人员在期刊创办方面投入巨大精力：完成了对多家学术期刊编辑机构的调研；完成了期刊创办的相关文件起草与准备；召开了相关的工作会议及研讨会。中国自然科学博物馆协会、科普出版社、中国科学技术馆三家单位签署了关于学术期刊的合作协议。协会于4月底向国家新闻出版广电总局提交了关于办刊的正式申请文件，刊物创办进入实质阶段。7月，刊物获得国家新闻出版广电总局批准，创刊工作取得阶段性成果。之后，协会克服资料不全等困难，在北京新闻出版局为刊物办理了登记手续，取得了出版许可证，创刊手续基本完成。10月16日，在中国科学技术馆内召开期刊编委会第一次会议。目前，刊物创办工作进入建立组织架构与规章制度阶段，期刊编辑部设在中国科学技术馆，学术论文征集已经开始。协会学术期刊的创办将为广大会员和自然科学博物馆行业工作者提供高水平、专业性强的学术平台。创刊号将于2016年年初正式出版。

学科发展研究

协会科普与教育工作委员会在中国科协科普部的支持下，积极推进“全国自然科学类博物馆人才队伍培养方案实践研究”项目的进行，先后在北京、上海等地多次组织召开项目研讨会。于2015年7月发布了《全国自然科学类博物馆人才继续教育工作指南》这一协会开展继续教育工作的指导性文件。

在总结2014年首次年鉴中国科普场馆编辑工作经验的基础上，中国自然科学博物馆协会开展了《中国科普场馆年鉴2015卷》的编辑工作。4月完成了年鉴2015卷大纲和工作方案，5月向各专委会、地方博协、会员发放年鉴资料征集通知。《中国科普场馆年鉴2015卷》在收集单位会员基本数据的基础上，加入我国自然科学类博物馆发展研究报告、地方自然博协、自然科学博物馆相关企业等新的信息门类，使得年鉴的编辑水平登上一个新的台阶。《中国科普场馆年鉴2015卷》于2015年年底编辑完成，2016年3月正式出版发行。

决策咨询

起草《关于开展全国科普基础设施评估定级工作的建议》。在充分调研的基础上，起草并向中国科协提交《关于开展全国科普基础设施评估定级工作的建议》，建议先期开展自然科学类科普场馆评估定级工作。此项政策建议已得到中国科协党组批示，尚勇书记批示：“同意，系统深入调研，科学客观评估。”协会办公室按照党组的指示，上半年开展评级工作预研究，从科技馆、天文馆着手开展评级指标体系制定工作。这是协会首次向中国科协提交政策建议，开启了协会作为科普社团主动承担社会责任、承接政府转移职能的新篇章，强化了协会对行业性普遍问题的共识与思考，不断推动行业良性发展。

国内主要学术会议

4月，科普场馆特效影院专业委员会召开学术年会，会前向特效影院界同仁广泛征集论文，得到了各会员单位的积极响应。会上，行业专家进行了学术报告。会后，将优秀论文进行整理向《科技馆》杂志推荐，出版了专刊。

5月22日，国土资源博物馆专业委员会2015年年会在郴州召开。全国国土资源博物馆界的60余位代表参加了会议。5位业内专家进行报告交流，介绍在博物馆新馆建设、布展、科研、科普、人才培养等方面的经验，对全国地质博物馆的建设和管理起到了很好的借鉴和促进作用。

6—8月，湿地博物馆专业委员会以“博物馆致力于社会可持续发展”为主题，面向全国开展论文征集活动，收到全国各地近百篇论文。经过初选、评审等环节，最终选出一批优质论文并编辑出版了《实践、融合、创新——湿地博物馆专委会2015年学术研讨会论文集》。

8月15—18日，天文馆专业委员会在青海德令哈市召开研讨会，36家单位共56位代表出席。研讨会以“天文馆与天文教育”为主题，12篇论文在会上进行了交流报告。

9月23—24日，中国自然科学博物馆协会2015年年会暨动物艺术研讨会在浙江杭州召开。来自全国自然科学博物馆领域的专家学者和代表近400人参加大会。这是协会首次举办协会层面的学术会议，大会以“融合与创新——自然科学博物馆在生态文明建设中的社会责任”为主题，就我国当前自然科学博物馆跨界融合、博物馆教育、新技术的挑战、管理与创新等方面开展广泛的学术交流。大会设2场主旨报告会，含6场主旨及特邀报告，设立7个分会场、2个圆桌会议、48个分会场报告以及论文海报张贴，为与会代表提供了优良的学术氛围与交流平台。

11月，科技馆专业委员会在河南郑州召开2015年全国科技馆发展论坛，主题为“科技馆教育活动”。论坛结合“最美的诠释2015”共征集教育活动案例177篇（含研究生论坛），经过专家评审评选出119篇案例入选论文集，同时评选出50篇“最佳案例奖”并邀请39名优秀案例作者进行现场研讨发言。

11月9—12日，由水族馆专业委员会主办、海底世界（湖南）有限公司承办的2015年水族年会在湖南省长沙市召开。来自87家海洋馆及40家相关企业的375名代表参加了本次大会。会上共有39篇报告发言，开展了深入的交流和讨论。

两岸交流

自然保护区专业委员会于7月和12月分别在贵州和台湾举行了有20年传统的海峡两岸自然保护区交流研讨会。组织大陆保护区和台湾地区相关行业开展交流活动。

国际组织任职

协会副理事长、天文馆专业委员会主任朱进在国际天文馆学会（IPS）担任理事。

国际交往

2015年与科技中心协会（ASTC）合作，将其代表性刊物《维度》引进中国，翻译发行《维度》中文版。本年度翻译发行了中文版2—7期，共计2000余册。

科普活动

国土资源博物馆专业委员会组织中国地质博物馆、湖南省地质博物馆、河南省地质博物馆、新疆地质矿产博物馆开展中国矿物宝石博物馆联展，共有62件矿物宝石、古生物化石标本参展。展览于专委会年会期间开幕并在当地连续展出。

表彰举荐优秀科技工作者

协会参加了第十四届中国青年科技奖评选推荐工作，推荐1位候选人。

3月，根据专委会推荐，评选表彰协会2014年度优秀联络员44人。

根据《中国自然科学博物馆协会优秀集体及优秀个人评选表彰办法》，由各专业委员会提名推荐优秀集体、各单位会员推荐优秀工作者，经过评选并经协会理事长办公会审批，于12月公布了协会2015年度优秀集体和优秀工作者表彰决定，共评选表彰优秀集体55家、优秀工作者179名。

会员服务

5月11—14日，水族馆专委会在成都举办动物训练员培训班，由国际动物训练员协会—香港海洋公园协办、成都海昌极地海洋世界承办。本次培训共有来自中国大陆、台湾地区、香港等地的30家海洋馆的70名代表参加。

6月10—11日，科技馆专委会在浙江杭州举办第五届全国科技馆馆长培训班，来自全国73家单位的108名馆长或相关人员参会。

11月22—29日，中国自然科学博物馆协会在辽宁省科技馆组织了自然科学类博物馆技能、策略与实务培训班，来自全国27个省市的80多名自然科学类博物馆中层干部参加培训。本次培训是协会面向各类单位会员举办的综合管理类培训，获得人社部“专业技术人才知识更新工程岗位培训项目”备案以及中国科协“学会改革创新项目”支持，开启了协会继续教育工作的新篇章。

科普场馆特效影院专委会开展影片联合采购，在一定程度上降低了科普场馆影片租赁成本、丰富了影片资源。

中国科协会员日

协会积极参加2014年中国科协会员日活动。12月起，协会利用自身科普场馆资源，承担了科协印刷四馆联票并向在京的中国科协会员寄送的任务，共发放参观券3000余份，为广大会员送去温暖。

中国自然科学博物馆协会2015年年会

9月23—24日，中国自然科学博物馆协会2015年年会暨动物艺术研讨会在浙江杭州隆重举行。大会以“融合与创新——自然科学博物馆在生态文明建设中的社会责任”为主题。中国科协、浙江省政府、浙江省文化厅、浙江省科协等有关方面领导同志，中国自然科学博物馆协会会员代表和来自全国自然科学博物馆领域的专家学者近400人参加了大会。

大会开幕式由中国科协党组成员、中国自然科学博物馆协会常务副理事长、中国科技馆馆长束为主持。浙江省政协副主席陈艳华致欢迎词，中国科协副主席、中国自然科学博物馆协会理事长程东红致欢迎词。中国工程院院士、中国科协副主席赵沁平，故宫博物院院长单霁翔，中国自然科学博物馆协会名誉理事长李象益、徐善衍等有关领导同志出席开幕式。

为鼓励全国自然科学博物馆行业青年工作者提升科研学术水平，年会开幕式上颁发了“青年学者优秀论文奖”。中国自然科学博物馆协会副理事长、大会学术委员会主任、北京自然博物馆馆长孟庆金宣读了表彰奖励决定，评出一等奖论文10篇、二等奖论文19篇。

开幕式结束后，举行了年会首场主旨报告会，报告会由中国自然科学博物馆协会执行副理事长赵有利主持。中国工程院院士赵沁平作了《虚拟现实＋文化保护与利用》、故宫博物院院长单霁翔作了《数字故宫——以故宫博物院为例》、台湾自然科学博物馆馆长孙维新作了《在自然中看见科学·用科学来理解自然——谈博物馆在翻转教育中扮演的角色》的主旨报告。9月24日上午举行第二场报告会，报告会由协会副理事长、上海科技馆馆长王小明主持。果壳网CEO嵇晓华做了《一个互联网创业者的科学传播和自然科学博物馆情结》、北京汽车博物馆馆长杨蕊做了《北京汽车博物馆管理运行的创新与实践》、浙江自然博物馆馆长严洪明做了《探求自然与人文跨界合作展览的新途径》的主旨报告。

本届年会设立7个分会场、2个圆桌会议，多达48个分会场报告以及论文海报张贴，为与会专家学者提供了优良的学术氛围与交流平台。

自然科学类博物馆技能、策略与实务培训班

11月22—29日，自然科学类博物馆技能、策略与实务培训班在辽宁省沈阳市成功举行。本次培训班由中国自然科学博物馆协会主办，辽宁省科学技术馆、科普与教育工作委员会承办。来自全国27个省、自治区、直辖市分属协会8个专业委员会的80余名学员参加了培训。

自然科学类博物馆管理技能、策略与实务培训班是协会依据《全国自然科学类博物馆人才继续教育工作指南》为指导思想精心设计并直接组织举办的。培训以理论结合实践的形式，面向会员场馆的中层管理人员开展。培训班获得了人力资源与社会保障部“专业技术人才知识更新工程”岗位培训项目备案以及中国科协“学会会员知识更新工程项目”资助，将为培训合格学员颁发由人力资源与社会保障部认证的合格证书。因此，本次培训班是中国自然科学博物馆协会继续教育最高规格的培训，是协会继续教育工作的一个里程碑。

培训班围绕“管理”这一中心主题，精心设置课程，邀请来自管理部门、高校、研究机构以及国内科普行业的专家进行授课。为期7天的培训班共有9位专家带来11个项目的课程。培训内容丰富，既有场馆管理方面的政策法规分析与解读，又有博物馆、传播学方面的理论与实例解析、经验分享；有管理理论的讲解，也有成功管理实例的经验分享与推广；既有场馆活动设计，也有新技术的应用，培训的内容涵盖了自然科学类博物馆管理的各个角度和层面。人社部调研员马新、财政部武靖州副研究员、国家行政学院褚松燕教授带来了最新政策解读与理论分析；浙江大学的严建强教授、上海师范大学的鲍贤清副教授从理论到实践系统讲解了博物馆教育理论与教育活动策划设计；来自科普场馆的馆长孟庆金、王小明、杨蕊以及朱幼文研究员则从场馆管理工作实际出发，与学员们分享工作经验、探讨场馆发展之路。全面、丰富的课程令学员们收获颇丰。

重要活动及文件

中国自然科学博物馆协会 2015 年工作总结和 2016 年工作要点

2015 年是中国自然科学博物馆协会第六届理事会工作全面展开的重要一年。协会认真学习贯彻党的十八大和十八届二中、三中、四中、五中全会精神，深入学习贯彻习近平总书记系列重要讲话精神。在中国科协指导下，在理事会领导下，在支撑单位中国科学技术馆的大力支持下，继续依照工作计划，围绕科技体制改革，通过开展学术活动、扩大品牌影响、夯实基础工作三项重点任务，增强行业凝聚力，不断推进制度建设、文化建设和信息化建设，为中国自然科学类博物馆事业发展贡献力量。

第一部分　2015 年工作总结

一、大力开展科普活动，构建学术交流新模式

六届理事会尤其是六届二次常务理事会召开以来，针对协会服务科技创新、服务社会、服务会员和学会自身发展四方面工作，通过开展各类科普活动、召开学术年会和创办学术期刊，积极引导协会提升科普水平、学术能力，促进学科发展。

1. 助力科普基础设施工程

2015 年 4 月，科普场馆特效影院专委会在中国科学技术馆举办了“特效电影展”，期间选映了 25 部国内外科普新片，为广大公众提供了一场盛大的科普视听盛宴，在“最受观众欢迎影片评选”环节中获得了观众的积极参与，为公众了解特效电影技术、感受高科技起到了积极的推动作用。5 月，国土资源博物馆专委会在湖南郴州召开第三届中国（湖南）国际矿物宝石博览会，组织中国地质博物馆、湖南省地质博物馆等博物馆开展中国矿物宝石博物馆联展，共有 62 件精美的矿物宝石、古生物化石标本参展，向公众描述了我国国土资源博物馆发展的脉络和概貌，进一步普及了地学知识，弘扬科学精神。在博览会的科普论坛上，科普专家们就中国恐龙化石、恐龙羽毛的颜色、太阳系小天体研究简况等方面开展专题讲座，受到了与会者的热烈欢迎。8 月，天文馆专委会以促进公众天文教育和普及为目的，在青海举办“2015 天文科普研讨会”，向公众开放了新建成的海西州德令哈天文科普馆，该馆是目前国内第二大天文馆。

2. 积极筹备协会首届学术年会

中国自然科学博物馆协会在举办学术活动方面有着优良的传统。一直以来，以承办中国科协年会分会场、各专委会举办学术会议作为协会主要学术活动。2015 年协会继续整合优势学术资源，搭建会员学术交流平台，

推进协会学术能力建设。

9月23—24日，中国自然科学博物馆协会2015年年会暨动物艺术研讨会在浙江杭州隆重举行。程东红、束为、赵沁平、单霁翔、李象益、徐善衍等有关领导同志出席开幕式。中国科协、浙江省政府、浙江省文化厅、浙江省科协等有关方面领导同志，中国自然科学博物馆协会会员代表以及来自全国自然科学博物馆领域的专家学者和代表近400人参加了大会。大会以“融合与创新——自然科学博物馆在生态文明建设中的社会责任”为主题，就我国当前自然科学博物馆跨界融合、博物馆教育、新技术的挑战、管理与创新等方面开展广泛的学术交流。大会设2场主旨报告会，特邀博物馆界和科普方面的著名专家学者带来6场高水平报告，设立7个分会场、2个圆桌会议，多达48个分会场报告以及论文海报张贴，为与会代表提供了优良的学术氛围与交流平台。

3. 参与承办第16届亚太科技中心协会年会（ASPAC2016）

协会于2015年4月参加了在菲律宾召开的2015年亚太科技中心协会年会，带回了宝贵的会议经验——将参会经验与2016年ASPAC年会筹备结合，探索举办协会学术活动特别是学术年会的方式方法。从2015年下半年起，协会秘书处开始筹建ASPAC2016年会工作组，经过几轮讨论和汇报，于8月确定了四个工作组。这四个工作组于9月初按照分工共提出21个细化方案，筹备工作紧锣密鼓地展开。9月，ASPAC2016网站建设完成，开始信息发布和内容更新。12月底，ASPAC2016官网手机版上线运行。协会秘书处承担对外联络、起草文件、汇报筹备进度、翻译等工作，与中国国际科技会议中心展开合作，设计和制作宣传广告和折页，发布年会的第一轮通知、征文通知和第二轮通知等，稳步推进年会筹备工作。

4. 积极创办协会学术期刊

协会一直以来着力创办自己的专业学术期刊，经过不懈努力，协会创办的首份正式学术期刊《自然科学博物馆研究》（国内刊号CN10–1368/G2）于2015年7月获得国家新闻出版广电总局批准。学刊以服务会员、搭建高水平学术交流平台、推动自然科学博物馆事业发展为目标。与此同时，另一本由协会支持的学术期刊《科学教育与博物馆》已经于3月在上海科技馆创刊，这是一本具有全球视野的学术双月刊（CN31–2111/N，ISSN2096–0115），刊物旨在为培养一批具有较强科学传播教育实践和研究能力的科学传播教育工作者构建理论与实践交流的平台，着力反映自然科学博物馆领域的科学探索以及博物馆学、展示教育研究成果。协会将为把两本刊物办成全国一流并具有国际影响力的高水平学术期刊而努力。

二、稳步夯实基础工作，着力促进行业发展

1. 专业培训的研究及开展

六届理事会对人才的继续教育工作高度重视，协会先后经历了“全国自然科学类博物馆人才结构调研和队伍建设研究”“全国自然科学类博物馆人才队伍培养方案实践研究”两个专题项目研究阶段，开展了自然科学博物馆人才需求状况调研，并对人才培养方法和模式展开了积极的、富有建设性的探索。2015年7月，《全国自然科学类博物馆人才继续教育工作指南》作为前期研究项目的成果正式发布，确立了“动态开放、理论与实践结合、突出案例教学”的总原则，以模块化的形式建立了继续教育的完整体系，从而为各级各类人员的继续教育提供指导与引领。《指南》针对自然科学类博物馆人才继续教育提出了明确的指导意见，将对自然科学类博物馆人才队伍建设与继续教育工作的开展提供有益的借鉴与参考模式。中国自然科学博物馆协会也将以此指南为基准，针对中高层次人才统一组织开展继续教育工作，进一步提升行业总体发展水平。

11月22—29日，协会在辽宁省科技馆组织了自然科学类博物馆技能、策略与实务培训班，来自全国27个省市的80多名自然科学类博物馆中层干部参加培训。为期7天的培训班共有9位专家带来11个项目的课程。培训内容丰富，既有场馆管理方面的政策法规分析与解读，又有博物馆、传播学方面的理论与实例解析、经验分享；有管理理论的讲解，也有成功管理实例的经验分享与推广；既有场馆活动设计，也有新技术的应用，培训的内容涵盖了自然科学类博物馆管理的各个角度和层面。本次培训是协会面向各类单位会员举办的综合管理类培训，开启了协会继续教育工作的新篇章。

2. 继续做好年鉴编纂工作

在总结2014年首次中国科普场馆年鉴编辑工作经验的基础上，协会开展了《中国科普场馆年鉴2015卷》

的编辑工作。《中国科普场馆年鉴 2015 卷》在收集单位会员基本数据的基础上，加入了我国自然科学类博物馆发展研究报告、地方自然博协、自然科学博物馆相关企业等新的信息门类，使得年鉴的编辑水平上了一个新的台阶。在各专委会、地方博协、单位会员的大力支持下,《中国科普场馆年鉴 2015 卷》已于 2016 年年初正式出版发行。

三、承接政府转移职能，有序推进专项工作

1. 协助中国科协科普部完成首批全国科技馆免费开放试点工作

协会从 2012 年开始协助中国科协科普部开展全国科技馆免费开放有关工作。在中国科协、中宣部、财政部积极推动下，2015 年 5 月 16 日全国科技馆免费开放正式实行，首批 92 家科技馆纳入 2015 年全国科技馆免费开放试点单位名单。自科技馆免费开放以来，社会反响强烈，回应了公众长期以来的期盼。8 月，协会针对免费开放以来的情况和问题，对 92 家试点单位开展问卷调查工作。11 月底至 12 月初，协会在中国科协部署下，组织全国 35 位专家，分成 16 组赴 28 个省区市开展全国科技馆免费开放运行情况实地调研，这是首次大面积、全覆盖盘点免费开放科技馆具体情况，调研中摸清了情况、发现了问题，也逐步为今后免费开放工作捋顺了思路。

2. 起草《关于开展全国科普基础设施评估定级工作的建议》

在充分调研的基础上，起草并向中国科协提交《关于开展全国科普基础设施评估定级工作的建议》，建议先期开展自然科学类科普场馆评估定级工作。政策建议已得到中国科协党组的批示，尚勇书记批示：“同意，系统深入调研，科学客观评估。”协会按照党组指示，上半年开展评级工作预研究，从科技馆、天文馆着手开展评级指标体系制定工作。这是协会首次向中国科协提交政策建议，开启了协会作为科普社团主动承担社会责任，承接政府转移职能的新篇章，强化了协会对行业性普遍问题的共识与思考，不断推动行业良性发展。

四、努力做好会员服务，完善协会自身建设

1. 召开联络员工作会议

为了充分发挥各单位会员联络员的桥梁纽带作用，搭建交流平台，进一步加强联络员队伍建设，促进相关工作有序开展，协会于 3 月 29—31 日在河南郑州召开了 2015 年度联络员工作会议。会议对 2014 年联络员工作进行了总结，通报了 2015 年开展的与单位会员密切相关的协会重点工作情况，进行了优秀联络员表彰，开展了工作经验交流等活动。

2. 召开企业会员工作会议

为更好服务协会企业会员，协会于 8 月 14 日在北京召开展项研发与环境设计工委会工作会议（即企业会员工作会）。鉴于协会展项研发与环境设计工委会的会员均是为场馆提供展品研发、展项制作、布展安装、多媒体开发等服务的企业，本次会议的主要内容围绕场馆的展品研发及新馆建设需求展开，并邀请相关甲方单位到场介绍需求，获得会员好评的同时也为企业与场馆间的沟通合作架起了桥梁。

3. 召开省级自然科学类博物馆协会工作会议

协会于 7 月 17—19 日在黑龙江大庆组织召开地方自然科学博物馆协会 2015 年工作会议。会议就自然科学博物馆协会在地方科普场馆建设、科普活动、科普惠民中发挥的作用进行了深入探讨，并重点研讨了 ASPAC2016 年年会、全国科技馆试点免费开放等工作。会议为我国省级自然科学博物馆协会之间的沟通交流提供了平台。

第二部分 2016 年工作考虑

2016 年，协会将继续认真学习贯彻党的十八大和十八届二中、三中、四中、五中全会精神，深入学习贯彻习近平总书记系列重要讲话精神。按照中央对科技类社团的要求积极进行改革，在继承中创新，在创新中发展。围绕服务学科发展、服务会员发展和服务全民科学素质建设三项重点，通过开放办会、超前谋划、扩大品牌的总体思路，不断开辟服务通道，积极推进承接政府转移职能，提升协会能力和水平。

一、加强学术交流

2016年将以学术交流促进协会发展，重点工作为参与筹办ASPAC2016年会、举办协会2016年年会、进行《维度》的审校刊印发放、创办会刊《自然科学博物馆研究》等。

1. 参与筹办ASPAC2016年会

亚太地区科技中心网络组织（ASPAC）成立于1997年，为亚太地区最主要的科技馆/博物馆联盟组织。协会支撑单位中国科学技术馆是该组织的创始单位之一，2014年上半年，中国科学技术馆成功申办举行2016年亚太地区科技中心协会年会。本次国际会议参会人员为国内外科普场馆领导和业务骨干、展览展品设计企业及特效影视制作企业代表等，中国自然科学博物馆协会将参与筹备本次会议。

2. 举办协会2016年学术年会

在2015年成功举办协会第一届学术年会的基础上，协会将继续筹备举办2016年年会，整合协会学术资源，搭建会员学术交流平台，推进学术能力建设，为自然科学类博物馆行业发展提供学术支撑。本届年会拟于2016年下半年举办，由协会主办、科技馆专委会承办。在承袭第一届年会成果的基础上，本届年会将加大网络和新媒体运作系统，突出国家对科技和科普领域的宣传效果，更加聚焦自然科学博物馆行业发展的前沿问题和共性主题，强化协会的学术平台效果。

3.《维度》的审校刊印发放

《维度》是科技中心协会（ASTC）的旗舰杂志，其中文版于2014年12月首次印刷发行。这是中国自然科学博物馆协会首次引进外文刊物开展翻译发行工作，既是协会外事工作的破冰之旅，也是我国自然科学类博物馆行业开展国际学术交流的重要举措。2016年，协会将继续在中文版编委会的指导下稳步推进《维度》的审校刊印发放工作。

4. 创办会刊《自然科学博物馆研究》

2016年2—3月，计划出版《自然科学博物馆研究》创刊号，每期约96页，设置报告综述、专题研讨、展陈与教育、收藏与历史、建设与管理、学术人物、探讨与交流7个栏目。第1期将以专业科技博物馆体系建设及发展对策研究为报告综述，专题研讨选题为“科技博物馆发展趋势研究”，共选定22篇稿件。目前，各项前期准备工作如稿件压缩、排版、校对正在进行。后续每季度出版一期，定期选题、约稿、与投稿作者和审稿专家沟通联系，按编辑流程进入各项准备工作。

二、增强会员服务

2016年将加强会员管理、大力发展会员、开展继续教育培训、编辑出版《中国科普场馆年鉴2016卷》、进行年度评优等。

1. 会员管理科学化和规范化

实施动态化管理，对会员资料和档案重新核实和登记，对相关信息进行补充和更新。提高服务会员的能力和水平，继续做好会员服务工作。以承接学会部学会发展基础培育工程项目为契机，提升协会借助现代化网络手段服务会员能力，实现会员管理信息化和网络化。

2. 大力发展会员

通过加强宣传，提升协会品牌形象，吸引更广泛的潜在会员加入协会。

3. 进行继续教育培训

在协会2015年7月发布的《全国自然科学类博物馆人才继续教育工作指南》精神指导下，2016年协会将继续积极与协会单位会员合作申请经费支持，组织行业继续教育活动。目前已经与山西省科技馆合作，申请中国科协科普部“2016年科普人员培训项目”经费支持90万元，培训主题为“科普活动组织策划”。培训班预计于2016年10月在山西举办，培训分2期，每期培训时间24学时，培训学员总数达400人。其他继续教育活动正在策划与组织过程中。

4. 编辑出版年鉴

编辑出版《中国科普场馆年鉴2016卷》，开展对各专委会、各单位会员的调研工作。从本年度开始，年鉴拟根据不同年份开展数量和内容不同的调研工作，以此为基础编辑年鉴内容。2016年年鉴以协会的研究报告为主，其他内容由年鉴工作委员会讨论决定。

5. 协会优秀评选

优秀集体、优秀工作者评选表彰工作是协会年度工作的重要部分，是总结年度会员工作、表彰先进事迹的重要工作环节。评优工作于每年第四季度依照《优秀集体及优秀工作者评选表彰办法》开展，由各专业、工作委员会推荐优秀集体，各单位会员推荐优秀工作者，最终结果由协会评审工作组审核并报常务理事会通过。协会向优秀集体、优秀工作者颁发奖牌、奖状以资鼓励。每年表彰优秀集体占单位会员比例约20%，表彰优秀工作者170~200人。

三、承办各类项目

2016年，协会将继续承接全国科技馆免费开放相关工作、科普场馆服务中国科协九大代表项目、全国科普基础设施评估定级、组人部关于“中国科协会员日”参观科技场馆项目。

1. 全国科技馆免费开放相关工作

在中国科协党组领导下，按照科普部相关要求，总结全国科技馆建设发展基本规律，将免费开放相关工作推向深入，做实做细，更加科学规范、健康有序，严格按照国家政策法规开展与资金划拨、使用和评估等相关一系列工作。协会作为免费开放工作的主要执行单位，2016年在全面做好免费开放工作的同时，主要从基础层面和提升层面主打3项重点工作：一是完成中国科协对全国科技馆免费开放工作的管理办法和指导性意见，并以此为依据，规范今后各馆的运行管理、工作总结、宣传报道、评估考核等；二是开展免费开放网络数据填报平台制作运行工作，以中国自然科学博物馆协会官方网站为基础，搭建免费开放工作专门入口，初步实现免费开放申报、数据调查、评估考核、意见反馈、监督检查等定量考核工作的一站式网络服务；三是建立免费开放工作专家资源库，集中优势专家资源对专家开展定期培训，为相关工作的开展奠定人力基础和智力保障。

除此之外，协会将按照科普部要求开展三项工作：一是做好2016年免费开放科技馆新增名单、经费测算等前期工作；二是开展县级免费科技馆的专项调研工作，主要摸清县级科技馆的相关硬件设施和免费开放基础条件；三是适时开展免费开放的绩效考核和评优工作，并召开免费开放先进经验座谈会，分享经验，分析不足。

2. 科普场馆服务中国科协九大代表项目

为做好中国科协全国代表大会代表的服务工作，协会计划于2015年12月—2016年8月开展此项活动。主要内容分为四部分：一是开展行业调研评估。对各个专委会所属场馆开展问卷调查，了解其科普能力、门票情况、展教活动开展情况、软件服务水平等，为选取场馆做好充分的基础准备。二是在调研基础上制定相关方案，通过专家访谈、召开座谈会、电话咨询等方式组织开展全国自然科学博物馆对代表的初期服务工作。三是与各科普场馆协调沟通免费参观事宜、印制赠票或其他免费参观凭证，或制作手机APP软件，并向所有代表寄送有关材料。四是研究总结，撰写报告，提出下一步改进完善措施。

3. 全国科普基础设施评估定级工作

按照科协党组书记处对《关于开展全国科普基础设施评估定级工作的建议》的要求，启动评级工作。本年度拟完成以下几项工作：一是赴相关单位、协会调研博物馆、文化馆系统评级工作经验，为评级工作奠定基础参考；二是通过召开专家座谈会、走访相关场馆和访谈等方式，撰写、构建科技馆、天文馆评级指标体系；三是初步搭建评估定级的网络申报、评估平台；四是率先开展部分科技馆、天文馆预评估，为在全国科普基础设施中推开评估工作打下基础。

4. 组人部关于“中国科协会员日”参观科技场馆项目

2016年继续承接科协组人部的中国科协会员日“四馆通用联票”项目，联系科普场馆，印刷制作四馆联票，为200个学会和近2000名全国重点联系专家进行邮寄和发放。

四、强化自身建设

为了更好地服务会员，协会将加强自身建设，重点进行网站建设和更新、加快协会更名事宜、完善组织建设。

1. 协会网站建设和更新

自2015年10月协会新网站试运行以来，网站建设更新工作始终在有序推进。2016年，协会将进一步调整网页布局、优化功能结构、丰富网站内容、努力使网站更为美观大方、简洁高效、操作便利、一目了然。

2. 协会更名事宜

根据民政部及中国科协相关规定，在2015年工作基础上继续做好协会名称变更及相关配套工作。

3. 组织建设

2016年，协会将继续履行工作职责，组织协会各种类型的工作会议。按照协会章程定期召开每年两次的协会常务理事会议（含通讯方式会议）、协会理事会议（每年一次）和理事长办公会（每月一次），商讨协会重要工作；组织一次协会联络员工作会议（3—4月），总结上年联络员工作，布置本年度重点任务，依据《优秀联络员评选办法》评出优秀联络员进行表彰；组织一次地方自然博协工作会议（6—9月），由全国各地方自然博协派代表参会，交流工作经验，推动重点工作开展；组织一次专业委员会工作会议（每年年年底或下年年初），由各专委会秘书处工作人员参会，总结一年工作情况。此外，由各专业委员会、工作委员会开展的活动，协会秘书处将派代表出席，指导工作，收集信息，掌握情况。

中国自然科学博物馆协会 2015 年联络员工作会议在河南省郑州市召开

3 月 30 日，中国自然科学博物馆协会 2015 年度联络员工作会议在河南郑州召开。中国自然科学博物馆协会执行副理事长赵有利，中国自然科学博物馆协会常务理事、中国铁道博物馆副馆长于湘，河南省科学技术馆馆长段春明，郑州市科协副主席、郑州科技馆馆长崔光伟，中国自然科学博物馆协会秘书长陈洪庆等同志出席会议，来自全国 28 个省、自治区、直辖市的 9 个专业委员会的联络员代表 120 余人齐聚郑州市科学技术馆参加此次大会。会议由中国自然科学博物馆协会秘书处办公室副主任杨力主持。

郑州市科协副主席、郑州科技馆馆长崔光伟致欢迎辞，并简要介绍了郑州科技馆的概况及发展情况。协会执行副理事长赵有利做了重要讲话，对协会联络员工作的重要性和工作任务做出指示，希望所有联络员能够承担起责任、做好沟通协调、落实各项工作。秘书处办公室副主任陈明晖通报了协会 2015 年工作重点。会议还为获得协会 2014 年度优秀联络员的代表进行了表彰。协会常务理事、中国铁道博物馆副馆长于湘做了《如何做好联络员工作》的主题报告，与会人员围绕这一主题分三组进行讨论，讨论真诚而热烈，大家聚焦主要问题，围绕协会未来发展、联络员如何发挥作用等重点内容充分发表意见、建议，并将意见与建议整合共享。

会议期间，与会代表赴河南省博物院和黄河博物馆考察学习。

中国地方自然科学博物馆协会 2015年工作会议在黑龙江省大庆市召开

7月18日，由中国自然科学博物馆协会主办、黑龙江省自然科学博物馆协会承办的地方自然科学博物馆协会2015年工作会议在黑龙江省大庆市博物馆召开。中国科协副主席、中国自然科学博物馆协会理事长程东红，黑龙江省科协主席马淑洁，中国自然科学博物馆协会执行副理事长赵有利，黑龙江省科协党组成员、副主席陶福胜等同志出席会议，来自全国10家省级自然科学博物馆协会的理事长、秘书长及3家筹建中的省级协会相关负责同志参加会议。

陶福胜同志首先致欢迎辞，并对刚成立的黑龙江省自然科学博物馆协会的基本情况进行了介绍。

程东红理事长代表中国自然科学博物馆协会就过去一年各地方协会工作进行了总结。她指出，各地方协会组织会员单位开展了内容丰富、形式多样的科普活动，结合各地特色搭建平台，在支持当地科普场馆建设方面发挥了重要作用。她对协会今后工作提出三点要求：一要落实纲要要求，在提高科普基础设施的服务水平和能力上下功夫；二要落实科普信息化的新要求，在提高科普场馆网络科普工作的能力和水平上下功夫；三要适应科普公共服务的新要求，在加强自然科学博物馆协会能力建设上下功夫。程东红理事长强调，自然科学博物馆协会是兼具学术性、行业性的科技类社团，今后要重点加强协会行业人才培养与学术能力建设。她还重点通报了中国自然科学博物馆协会近期开展的几项突破性工作：一是制定《全国自然科学类博物馆人才队伍继续教育指南》；二是筹办学术期刊，包括《自然科学博物馆研究》与《科学教育与博物馆》两本学术刊物；三是举办学术年会，首届年会将于今年九月在杭州举行。这些工作的开展目的都是要更好地为各会员单位服务，使博协工作水平迈上一个新台阶。

江苏、四川与黑龙江三省协会负责人分别结合自身实际情况，对协会上年度工作情况进行了汇报。随后，各地方协会主要负责同志围绕程东红理事长的讲话精神，从协会工作经验、科技馆免费开放以及今后两年的工作部署等方面进行了深入细致的交流，分享了各自的经验与做法。

最后，赵有利执行副理事长对本次会议进行总结发言。他指出，各地方协会要以会员为本，做好服务，定期召开理事会及常务理事会议；各地方协会要以抓好学术活动与理论研究为工作重点，认真做好本行业人才培养方案的策划实施；同时就科技馆免费开放经费管理、绩效考核以及奖励办法等具体实施细则与各地方协会负责人进行了深入探讨。

会议期间，与会代表赴大庆市博物馆、大庆石油科技馆及铁人王进喜纪念馆学习调研。

索　　引

展览名称分类索引

包括常规展览和临时展览。为方便使用者在不知道展览确切名称时从主题内容角度浏览查检，本索引采用分类结合拼音排序方式。先按照涉及的内容范围，将展览分为7类，依次为：综合性展览，天文、地球、地质与矿产，植物、动物与生命起源，海洋与水生生物，科学技术，人类文明与环境保护，艺术与民俗；类下再按展览名称汉语拼音次序排。使用时，可先根据展览的内容特点确定所属的类目，再在类目下按展览名称的汉语拼音次序浏览查找。例，一属于海洋生物领域的展览，可先找到"海洋与水生生物"类，再在该类下按汉语拼音进行查找。常规展览和临时展览展览名称后标注有"*"的为常设展览、展馆、展区或展品。

综合性展览

4·26世界知识产权日暨宁波知识产权成果展　365

A

澳洲热带雨林*　689

B

蚌埠市全国科普日展览活动　409
毕节第三届青少年科技创新大赛作品展　620

C

"参与科普活动，感受科技魅力"流动科技馆　353
城西区信息化应用成果展　636
"创客及创客空间"主题展　584
"创新驱动发展，科技引领未来——中国科学院科技创新年度巡展（新疆站）　656，1059
创客及科技成果展　569
创新科技·智慧未来　607
创新驱动·智慧未来主题活动　613
创新驱动发展，科技引领未来——中国科学院科技创新年度巡展　484
创新与展望*　568
创造的辉煌*　280
创造发明馆*　424
创造实践*　258
创造与体验*　240

D

达·芬奇科技　046
大连市2015青少年自然科学知识挑战活动展览组决选参赛作品展　083
大连市科普图片展　084
大连自然博物馆数字博物馆体验展　083
大学生创新创意成果展　365
动手天地*　576

E

儿童科技乐园*　245，409，596
儿童科技园*　440
儿童科学乐园*　225，258，300，436，449，495
儿童乐园*　488
儿童天地*　504

索引

儿童未来馆* 424

F

发明展 515
福建省流动科技馆巡展项目 417

G

高新科技100问 596
古代科技* 440
光之花火创客空间展 425
“广东海上丝绸之路科技文化展”走进学校 564
广东海上丝绸之路科技文化展 516，562
广东省“中国流动科技馆巡展”恩平站 517
广东省“中国流动科技馆巡展”和平站 517
广东省“中国流动科技馆巡展”活动 520
广东省“中国流动科技馆巡展”江门站 517
广东省“中国流动科技馆巡展”龙川站 517
广东省少年儿童发明奖优秀作品展 512
广东省院士专家企业工作站创新科技成果展 522
广东院士团队科技创新成果展暨院士东莞行 544
广西发明创造成果展览交易会中小学生发明创造成果展 584
广西青少年创新大赛 569
国防科技工业军民融合发展成果展 769

H

杭州市大学生科普创意设计比赛优秀作品展 363
“互联网+智慧生活”创意科普展暨“互联网+智慧山东”建设高峰论坛活动 441，1047

J

江苏（南京）儿童启智展“自然科学探秘”展区 928
焦作市青少年科技创新大赛优秀作品展 474

K

科技、文化、卫生“三下乡”活动巡展 666
科技伴我成长主题活动 613
科技创新年度巡展 587
科技馆活动进校园 337
科技活动周广场为民服务巡展 353
科技生活* 258
科技与家园* 250
科技与生活* 568，626
科技与体验* 665
科技与未来* 240
科技展馆* 172
科技智慧园* 245
科普大篷车 190，242，250，257，262，274，281，291，326，442，450，464，471，485，517，590，599，607，644
科普大篷车（Ⅱ型） 629
科普大篷车车载展品巡展 621
科普大篷车活动 389
科普大篷车进校园 374
科普大篷车校园巡展 438
科普大篷车巡展 265
科普大篷车进校园巡回科普展览 268
科普儿童乐园* 263
科普进社区 697
科普进校园 697
科普三下乡 146
科普王国* 530
科普文化长廊* 877
科普宣传车 776，881
科普知识展板 924
科普主题展板 517
科学奇异果 382
科学奇异果·多思多美味 304，504
科学与发现* 250
科学与生活* 488

L

流动博物馆 778
流动馆进校园 361
流动馆科技馆 457
流动科技馆 257，471，526，599，629，644
流动科普画廊 924
流动科学工作室 629

M

梦想的摇篮* 280

N

南职院毕业作品展 569

Q

齐鲁工业大学2015年毕业生设计作品展 441

启迪与探索* 568
青少年科学节 569
区妇联成果展 569
全国科技活动周广西活动 576
全国科技活动周江苏省主场活动展览 111
全国科普日感·触科学——前沿科技魅力主题展 181
全国科普日江苏主场临展 111
全国青少年科技创意大赛 181

R

热带雨林* 696
认识非洲，从上海自然博物馆出发 302

S

赛复流动科技馆——闸北巡展 304
赛复流动科技馆——浙江嘉善巡展 304
赛复流动科技馆——浙江平湖巡展 304
山东省第四十六个“世界地球日”科普报告会 441
山西省科技馆科普大篷车 227
山之魂* 103
少儿科技乐园* 626
神奇的非洲* 047
沈阳市科技创新优秀作品展 264
“世界湿地日”科普展 510
湿地——生命的摇篮* 888
湿地与人类* 859
湿地知识展览 868
实践梦想* 280
实验与发现* 504
室外科普园* 136
暑期广场科普夜市 409
暑期青少年安全教育科普展 444
苏宁易购济南家庭互联网+智能生活展 441

T

探索·发现* 414
探索奥秘* 665
探索北极 525
探索发现* 258
探索发现馆* 424
探索与发现* 240
体验科学 217，484
“体验科学”中国流动科技馆巡展 486
体验科学流动科技馆 490
体验科学——中国流动科技馆全国巡展 294
体验科学——中国流动科技馆新疆巡展 658，1059
体验科学——中国流动科技馆巡展 1059
“童话王国”主题临时展览 378
童话科学 490
童话科学展 587

W

“玩具中的科学”专题展览 464
玩具中的科学 278
我们的未来不是梦* 280

X

“喜气羊羊”大型春节科技游园 415
西溪湿地* 859
县域流动科技馆 442，450
现代科技产品展 1059
享受科技* 626
校园科技馆 442
校园流动科技馆 450
新科技与新生活 607
信息世界* 530

Y

音乐与科技展览 543
宇宙与生命* 225

Z

浙江农林大学优秀毕业生作品联展 120
“中国古代科技展”河南科技馆站巡展 199
中国古代科技展 456
中国科学院2014科技创新年度巡展 510
中国科学院2015年度科技创新展 199
中国科学院创新成果展 530
中国科学院科技创新年度巡展2015（南京站）展览 323
中国科学院年度创新展 181
中国流动科技馆 281，291，394，450，517，590
中国流动科技馆内蒙古巡展 239
中国流动科技馆“体验科学”巡展 389
中国流动科技馆湖北巡展 478
中国流动科技馆皖北地区巡展 411
中国流动科技馆广西巡展 572
中国流动科技馆湖南巡展 497

中国流动科技馆辽宁巡展　262
中国流动科技馆宁夏巡展　653
中国流动科技馆山西巡展项目　227
中国流动科技馆陕西巡展　607
中国流动科技馆皖北地区巡展阜南站　409
中国流动科技馆皖北地区巡展固镇站　409
中国流动科技馆皖北地区巡展界首站　409
中国流动科技馆皖北地区巡展寿县站　409
中国流动科技馆皖北地区巡展涡阳站　409
中国流动科技馆皖北地区巡展颍上站　409
中国流动科技馆项目　190
中国流动科技馆巡展　600
“中国梦　科普行”全市科普巡展　548
中国湿地*　859
主题科普展览　1022
主题展览巡展　190
自然展馆*　172
“走近科学”两岸四地科普联展　514
走近青海*　626
走向未来*　225

天文、地球、地质与矿产

B

宝玉石彩石专题展区*　952
宝玉石展区*　946
北碚地震台历史陈列展　149

C

从地球到宇宙　217

D

大地宝藏*　913
地壳物质组成及资源专题展区*　952
地貌大观、多彩张掖*　888
地球*　929
地球奥秘（地球厅）*　145
地球科学*　440
地球厅*　936
地球与家园*　240
地球与宇宙*　488
“地球在宇宙中的位置”科普展板*　728
地震科普展厅*　409
地震主题展示*　757
地质作用现象专题展区*　952

F

防震减灾*　665
防震减灾安全展*　607

G

“戈壁奇石”展厅　176
“格致天文馆大事记”展板*　728
“格致天文社重大天文观测活动”科普展板*　728
观赏石馆*　936
观赏石文化专题展区*　952

H

化石厅*　936
黄河奇石展　848
黄金厅*　936

K

喀斯特演化及洞穴石专题展区*　952
科普防震减灾*　263
矿产厅*　936
矿物晶体临展厅　940
矿物岩石*　929
矿物与矿产展区*　946

L

流动天象厅　750

M

“煤层气和焦炉煤气”专题图片展　959
煤海之光展馆　175
煤精厅*　782

S

三维立体星空展　137
时空穿梭*　711
世界地球日专题展览　923

T

太阳家族*　717
逃离黑洞*　711
天体系统*　711

天文环廊“从地球到宇宙” 738
天文科普大篷车 713
天文科普系列展——日全食 084
天文科普知识 755
天文主题展示* 757
挑战岛* 717

W

“我们的宇宙”天文科普展 717
我们珍贵的地球 471

X

系外行星* 711
星座显形* 717

Y

移动天象厅* 273
“迎新春—— 2015 翡翠和田玉”臻品展 901
引力透镜* 711
“宇宙畅游”展览（一期）* 717
“宇宙畅游”展览（二期）* 711
宇宙尺度* 711
宇宙穿梭* 720
宇宙风景* 717
宇宙演化* 711
宇宙之谜* 717
月球漫步* 717
陨石部落* 717
陨石科学探险之旅特色主题展 720
陨石展 732

Z

中国国际矿物宝石展 145
中国世界地质公园 10 周年回顾展 170
中国世界地质公园 10 周年回顾展暨黄山——天柱山友好公园科普作品展 932
走进星空* 720
走向太空* 530

植物、动物与生命起源

A

爱鸟周 686
爱鸟周——四川鸟类科普图片展 596

B

“北部湾畔白鹭飞”图片展 137
缤纷春华 103
濒危动植物展 172
冰河巨兽——大连第四纪哺乳动物化石展* 082
冰河时代巨兽——猛犸象披毛犀古动物群展 048

C

长白山植物展 103
超感官霸王龙巡展 504
“穿越侏罗纪”恐龙展 155
穿越侏罗纪 351
聪明的植物 046，084，120

D

达尔文 046
“大千世界奇花异草”科普展 360
大连地区第四纪古动物化石科普展 090
大连地区外来入侵植物展 084
大连市 34 届爱鸟周启动仪式（爱鸟科普展） 685
地球生命故事* 119
地球生物发展史专题展区* 952
地球与生物历史展* 136
动物——人类的朋友* 046
动物的奥秘* 047
动物界的伪装大师——拟态生物特展 690
动物星球（生物厅）* 145

F

丰富奇异的生物世界* 119
扶绥中国棘龙 136

G

古哺乳动物* 047
古典雅致——传统园林花卉精粹展 803
古爬行动物* 047
古生物进化展区* 946
国风雅韵·蝶舞迎春——中国兰花精品展 803

H

航天神舟传媒太空育种展 720
和谐发展馆* 424

蝴蝶谷* 103
虎文化宣教中心* 971
化石埋藏遗址* 154
化石世界* 103
唤醒·重生——自贡恐龙发现100年特展 165
“回到侏罗纪”大型恐龙主题展览 323

J

吉“羊”如意 119
吉“羊”如意——2015羊年生肖展 083
吉祥文化中的动植物展 050

K

“恐龙宝宝回家了”图片展 134
“恐龙来啦”自贡恐龙科普展 155
“恐龙万里行”校园科普讲座 112
恐龙* 929
恐龙蛋 诞恐龙——中国蛋化石特展 119
恐龙化石珍品* 154
恐龙时代* 154
恐龙时代的动植物* 154
恐龙世界（恐龙厅）* 145
恐龙展 137，613
恐龙展区* 946

L

辽宁带羽毛恐龙展 078
林之韵* 103
“龙出没”恐龙科普外展 111
龙行塞上——自贡恐龙科普展 155
龙行浙江——浙江出土恐龙化石特展 123

M

冒险恐龙山* 110
猛犸象* 103
“迷你动物园”动物模型主题展 323
“麋鹿还家”展览 059
“麋鹿萌萌哒”图片展 065
麋鹿传奇展* 059
麋鹿回归三十周年纪念展 059
麋鹿及生物多样性保护30周年成果展 067
名木乌木专题展区* 952
名羊天下生肖科学展 425

N

“南亚恐龙展”特展 134
鸟类探秘主题展 543
鸟类图片馆* 873
鸟之灵* 103

Q

青海三江源保护区野生动物图片展 069
全国第四次大熊猫调查简况展览 069

R

人体奥秘全球巡回展 343
人体的奥秘 046
人体与健康 278
人体科学* 605
“人之由来”展览 057

S

神奇的水幻世界* 046
生存有道——世界野生动物标本展 149
生命·超越——中原文化中的动物映像 119
生命奥秘* 626
生命奥秘——脊椎王国 537
生命激流（进化厅）* 145
生命科学* 596
生命科学展区* 467
生命起源和早期演化* 047
生命探索* 530
生命演化* 929
生命之美——走进斑斓的蝴蝶世界 136
生物厅* 936
十二生肖闹羊年——趣味动物科普展 569
世界鹿类展* 059
“世界最大鸟蛋”展览 809
兽之趣* 103
树与它的朋友* 427

W

万圣节特展——暗夜幽灵，蝙蝠特展 690
无脊椎动物的繁荣* 047

X

喜气洋洋羊年文化展 137
喜羊羊生肖展 603
新年生肖展 596

Y

“牙牙世界”——脊椎动物牙齿主题展* 946
“羊大为美”2015 年羊生肖文化展 069
“羊羊得意”羊年生肖特展 302
羊年即时展览 189
羊年看羊族 336
野生动物标本展 145
以爱之名 护鸟成长 336

Z

“珍贵的蝴蝶”展 137
珍惜世界动物展厅 175
珍稀标本特展——矮鸢尾 084
珍稀标本特展——骆驼 084
珍稀标本特展——绿孔雀 084
珍稀标本特展——闪蝶 084
珍稀标本特展——走近北极熊 084
珍稀标本特展——走近非洲象 083
珍稀濒危植物保护科普展览 544
珍稀动物展* 136
郑州首届欢乐嘉年华——侏罗纪恐龙 848
植物世界* 048
植物园* 953
中华恐龙馆* 110
“中生代王者归来”流动科普车 050
“侏罗纪恐龙世界”大型主题展览 330
“侏罗纪世界”恐龙化石展 137
“走进侏罗纪”古生物化石科普展 946
走进人体* 048
“走近科学——古今动物总动员”暨临沂市首届大型活体蝴蝶科普展览 450

海洋与水生生物

B

白金鱼宫——白化鱼类展，黄金鲶鱼和他的小伙伴们 690
白令海峡* 678
贝壳展* 705
碧海遗琼·奇古绛树——珊瑚文化展 862

C

长江流域淡水生物* 694
船型缸* 705

D

大湖洪泽* 886
淡水区* 705
淡水生态* 696

G

国宝中华鲟* 678

H

“海贝——人类的朋友”展 090
海底环游* 678
海底奇观* 530
海兽馆* 673
海水区* 705
海洋保护* 701
海洋贝类* 701
海洋哺乳动物展厅* 083
海洋动物标本* 701
海洋动物表演馆* 694
海洋儿童成长乐园* 678
海洋瑰宝——珊瑚特展 048，084，123
海洋家园 382
海洋精灵展 587
海洋剧场* 696
海洋剧院* 678
海洋科普展主题活动 613
海洋课堂* 701
海洋生物* 694
海洋生物的奥秘 137
海洋生物馆* 673
海洋生物科普展 336
海洋生物声谱展 679
“海洋深处的神奇动物”知识展览* 705
海洋摇篮馆* 424
海洋在身边 679
海洋珍奇标本馆* 696

J

极地海洋馆* 704
极地区* 705
家展式缸* 705
近海奇观* 696
鲸馆及淡水馆* 673
鲸豚湾* 678
“静谧之美——七彩神仙鱼”专题展 705

K

索引

开放式展缸* 705
科教馆* 704
孔雀鱼展——看孔雀鱼 感受东南亚风情 赢浪漫新加坡之旅特展 690

L

流动海洋课堂 702

M

魅力海洋* 240
梦幻水母宫* 673

Q

潜水馆* 694
青岛水族馆大篷车走进临沂市科技馆 449
青岛水族馆科普大篷车山东巡回展 676

S

鲨鱼小镇* 678
珊瑚花园* 678
深海海洋生物展 705
深海迷宫 702
神秘文化* 696
圣诞节发光生物展——五彩斑斓绘海洋，绿色环保来过节 690
狮子湖古生物科普展览 948
水母秘境* 678
水生野生动物保护宣传月 694
水族馆* 694，696

W

“五一”黄金鲶鱼展 690

X

新春特展——羊头鲷展 690
虾蟹展* 678

Y

“羊鱼明星”展 691
邮票上的贝壳 119
雨林奇观* 678

Z

珍稀标本特展——鳇 084
珍稀特色生物展览 705
珍稀鱼类* 696
珍稀鱼展缸* 705
中国航海日科普展 365
中外珍奇龟展 365
主池隧道* 705
专题鱼展区* 705
走向深海大洋——科学号海洋考察成果主题展览 673

科学技术

3D 打印* 463，495
LED 科普知识视窗 697
LED 体验馆* 562
“2015 国际光年”科普展览 738

B

毕节市首届机器人展览 624
不可不知的气象知识 245

C

材料学* 605
磁电展区* 467

D

“大”观世界——无处不在的凸透镜 217
动物大阅兵仿生武器展 048
当代化工* 832
电磁学* 605
电磁与生活* 300
电力科普* 576
电与磁* 440，488
钉床* 335
多媒体技术 605

F

仿生学与军事装备科普展览 074
风神的庭院* 335

G

工业机器人* 605
工业摇篮* 258
古代化工* 832
光的反射之立体成像* 471

光年展　189
光学*　605
光学及力学展区*　467
光学奇观*　440
光学世界*　407
光学专题展　401
光照未来——光及光基技术展　181
国防教育*　250
“国际光年”科普展览　394

H

“航天航空知识”专题科普图片展览　523
航空航天*　596
航模　517
航天航空展　273
航天主题展示*　757
核电科普展　273
核科学技术展　504
“核”我的探秘　596
华夏之光*　181
化工让生活更精彩　832
化工与国计民生*　832

J

“机器人科技嘉年华”主题展　238
机器人世界*　250，488
机器与动力*　225
激光加工*　463
计算机与信息技术*　440
纪念中国人民抗日战争暨世界反法西斯战争胜利70周年现代军事科技展　360
“金戈铁马话军车”专题展览　835
近代化工*　832
静电滚球*　335

K

开源硬件*　463
空气炮*　335

L

离心现象*　335
力学*　440，605
力学与机械*　488
临沂全民少儿机器人科技节暨寻找“未来科技之星”机器人比赛　450
“‘六一’科学嘉年华——梦想在蓝天”无人机展　351
罗马帝国机械与科技展　587

N

能源世界*　407
能源天地*　530
能源与材料*　296，488

Q

气流投篮*　335
气流音乐转盘*　335
球吸*　335

R

人力发电*　335
如影随行的辐射　450

S

神奇的材料展　505
神奇的仿生学　351，587
神奇的共振图案*　335
声学*　605
声与光*　488
声驻波*　335
双曲线槽*　335

T

太空探索*　181
椭圆焦点*　335

W

万有引力*　335
无线输电风火轮*　471

X

“新能源”主题科普展览　289
信息技术*　488
信息之桥*　181
虚拟技术*　665

Y

用眼看世界　302

用眼看世界·科学观察工具展　256，506
宇宙与航天*　240

Z

展航天风采　圆飞天梦想　182
展示航天科技　激发爱国热情　289
展望未来化工*　832
智能机器人展　620
中国化工集团*　832
中国科技馆“神奇的仿生学”　449
中国梦·科技梦——航空器及无人机展　181
中国梦·科技梦——核科学技术展　343
中国梦·科技梦——机器人展　181
转动惯量*　335
追光逐梦光学科普主题展　569
自己拉自己*　335

人类文明与环境保护

30项非遗文化代表作，中国走向世界之最　815
WE 展区＊　393

A

奥运之旅　百年圆梦　803

B

“保护野生动物在行动”环保科普巡展　104
北京动物园园史展　071
北京历史名园精品展　803

C

灿烂文化*　886
测天绘地*　913
倡导低碳生活，维持生态平衡　373
成都高等学校展示会　597
成都市2013—2015教育展　597
成都小升初优质教育风采展示会　597
成都中等学校展示会　597
城市未来、大美张掖*　888
触摸数学展　587
传承与新风——中国好家风好家庭　825
创新·实践——东莞市科学技术博物馆开馆十周年回顾展　544
创新教育*　463
创意运动新生活　382

D

大美江山——江山市生态文明成果展　119
大自然的语言——物候　103
当代水利*　796
道德模范在身边　382
道路交通安全教育*　245
道在瓦砾——一个博物馆人的逐梦旅程　803
东莞市节能减排成果图片展　544
“毒品不是儿戏”主题教育展　664
多牛·创业杭州群像展　864

E

儿童生态体验园*　822
“二战”序幕　抗战起点——九一八事变史实图片展　264

F

发展低碳经济、提倡低碳生活　491
“反邪教成果展”主题教育展　664
防灾避险*　596
防灾减灾*　525
放飞彩色梦想　597
“疯狂的沙尘暴”专题展览　958
烽火中的中国女性——纪念抗日战争胜利70周年专题展——中国妇女参加抗日战争暨反法西斯战争胜利70周年纪念展　825

G

感知与思维*　504
耕湖牧渔*　886
公安消防部队灭火救援装备“小革新小发明小创造”成果展　774
公共安全教育*　323
古代水利机具展　796
关爱明天，法治护航，临沂市青少年法治宣传月集中教育活动　449
广东省科普作品创作大赛　516
广东省珠江文化研究会成立15周年学术成果汇报展　521
贵州特色杂粮产品北京展示推介活动　770
国家网络安全宣传周　597
国企预防职务犯罪警示教育　832

过端午到延庆　867

H

好奇生活*　596
和平 70 周年——二战主题钱币展　803
河南院士风采馆　456
红楼梦中的中国园林　803
呼和浩特昭君文化节首届儿童博览会　238
“话说低碳”主题展览　415
槐花与文化展　083
黄河水利知识普及教育　849

J

集美文化创客发展论坛　432
计划生育　491
纪念九三学社成立 70 周年“科学梦　中国梦——九三学社科学家展”　544
纪念抗日战争胜利 70 周年专题展　923
纪念抗战胜利 70 周年图片展　287
纪念抗战胜利 70 周年走进南京地质博物馆　925
纪念中国人民抗日战争暨世界反法西斯战争胜利 70 周年——地质矿产史料展　901，915
加强野生动植物保护　共建美丽北京　867
家庭消防安全公益展览　543
嘉兴院士风采　382
甲骨文之父王懿荣馆*　936
“简单看世界，一起轻生活”专题展　835
建馆 20 周年回顾展　208
健康生活*　596
交通科技*　596
交通与能源*　440
节约保护水资源科普图展　562
节约集约利用国土资源　促进经济发展方式转变　901
解读青春密码——青春期教育展　084
谨严大度文质合一——江南园林陈设精品展　810
“禁毒小卫士之利剑斩毒魔”禁毒科普体验展　048
经纬藏珍——董正泉先生地图收藏展览　860

K

抗日胜利　伟大贡献——中国与世界反法西斯战争专题展览　803
抗战时期的南京地质博物馆　925
科技发展史*　605
科技梦·中国梦——八桂科技英才风采展　569
科技梦·中国梦——中国现代科学家主题展　103，289，449，576，643，783
科技梦·中国梦——中国现代科学家主题展（武汉站）　484
科技梦·中国梦——中国现代科学家主题展（新能源展览同时举办）　238
科技梦·中国梦——中国现代科学家主题展全国巡展　226
科技梦·中国梦——中国现代科学家主题展全国巡展（合肥站）　394
科技梦·中国梦——中国现代科学家主题展全国巡展（沈阳站）　256
科技梦·中国梦——中国现代科学家主题展全国巡展（石家庄站）　219
科普惠农展　569
科普资源双年展成都市全民终身学习周活动　597
科学改变人类生活的伟大瞬间　597
科学是自由　182
科学养生之如何应对慢性病　289
科学应对慢性病　217

L

“蓝色港湾，自护之旅”安全教育图片展　339
临沂首届优质农产品直销会　449
领航春季招聘会　569
“领先世界的中国古代发明”展览　175
绿色浙江*　119

M

茅以升生平事迹展（纪念茅以升诞辰 120 年）　182
“美丽广西　生态乡村”图片展　569
美丽家园*　530
美丽乡村博览会　763
铭记“8·12”天津港特大火灾爆炸事故消防英雄展　774
铭记历史、开创未来——纪念中国人民抗日战争暨世界反法西斯战争胜利 70 周年历史影像展览　360
“铭刻历史，共铸和平”——纪念抗战胜利 70 周年币章展　818

N

“难忘乡愁——中国农业博物馆传统农具展”数字展览　772
南宁·绿色家园（春季）家装建材博览会　569

能源与环境* 626

Q

“青春·荣耀”公安消防部队青春警营形象暨先进典型事迹展 774
青少年交通安全* 241
庆祝新疆科技馆成立三十周年图片展 1059
区直妇工委义卖会 569
趣味空间* 256
《全民科学素质行动计划纲要》系列科普展：安全篇 490
全国环保科普作品展 103
全国科普日“中国科技馆创客运动会” 182
全国湿地保护成就展 860
全国优质农产品（北京）展销周 764
全球变暖* 351

R

“人类文明的源与流”大型科技文化展览 521
人类与自然* 665
人类智慧* 626
人水和谐* 656
人体与健康* 656
人文与科技* 440
认识、预防、关爱——青少年预防艾滋病知识展 241
“融化的白色冰川”专题展览 958
如影随形的辐射 373

S

塞上江南、印象张掖* 888
山东省科技馆暑期青少年安全教育——消防、交通、医疗互动体验科普展 441
山水都市（重庆厅）* 144
山西茶文化博览会 782
少男少女——青春期性健康教育 241
身边的水资源 607，626，643
深圳市道德模范事迹专题展 525
沈阳故宫博物院清前期文物展 803
生命与健康* 240，440，665
生态家园（环境厅）* 145
生态文明* 596
盛京珍赏——清前期文物精品展 816
湿地之城、生态张掖* 888
石家庄铁道大学第二届铁路文化节展览 855
时间的故事 732
食品与安全 629
食品与健康 490
“食品与健康”主题科普展 495
“世界科学传播奖”专题展览 360
世界文化遗产之园林系列 815
“暑假安全注意事项”展览 336
暑期青少年消防安全大课堂专题展览 777
数理天地* 488
数学* 225，440，605
数学展品一组 426
水利千秋* 796
“水乡行”展览30周年纪念特展 119
“水与民俗生活”水文化巡展 797
水与人类文明* 796
水资源* 525
丝路重镇、人文张掖* 888

T

太原收藏文化博览会 782
天津市园林规划设计院低碳园林展 803
“天堂渔事·水乡风情”——西溪渔文化展 860
天下粮仓* 886
铁道兵的诞生 854
铁的新四军史迹展 382
童心飞扬 创意无限——“六一”国际儿童节主题展 544
土与火的文明——中国农业博物馆馆藏彩陶数字展厅展 767

W

皖南名优农特产品暨旅游商品展 880
“万里茶道”科普展 818
万众创新、拥抱智慧生活 491
万众创新 智慧拥抱生活 597
未成年人生态教育图片展 123
未来生活与智能家居* 656
我们的家园 & 我们的未来 901
我们的家园 & 我们的未来——中国地质博物馆中小学生地球科学素质教育活动展 906
我与铁建共成长 854
“无毒青春”青少年禁毒展 569
“五水共治，三江两岸治水兴城”主题科普展 360
“雾霾 我们如何应对”第二期科普展览 336

物联网* 543

X

消防安全大课堂 774
消防科技成果展 774
消防科普教育* 245
消防员个人防护装备成果汇报展 774
“消失的家园”主题图片展 069
“心理健康”科普展 464
心理学专题展览 206
心理与健康——心理学专题科普展 468
新疆科技馆成立30周年图片展 657
新疆维吾尔自治区成立60周年纪念新疆邮票首发式暨邮票展 1059
新疆维吾尔自治区成立60周年邮票展 656
“新理念、新健康、新生活”科普展览 298
新科技·新生活低碳专题展览 226
新能源全国巡展 360

Y

眼睛的故事 315
“野生动植物保护”主题展览 495
一隅阁* 886
益智展品 517
渔具展* 705
园林设计大赛 803
“运动·科学”主题展览 393

Z

藏地瑰宝——西藏园林文物展 803
“珍贵的地球”主题科普展 495
“智慧生活‘家’”主题科普展 495
智慧的阶梯* 280
中国（济南）国际智慧城市博览会暨第二届中国（济南）智慧城市高峰论坛 441
中国古代农耕文明* 763
中国国际农产品交易会 763
中国国际渔业博览会 764
中国科技馆“话说低碳”主题展览 389
中国历法之二十四节气展 720
中国旅游日主题活动暨山东省会城市群旅游联盟图片展 441
中国美丽乡村巡展 771
“中国梦”科普挂图 569
“中国农业博物馆传统农具展”数字展厅 769
“中国汽车安全主题巡展暨联合国道路安全十年行动——北京汽车博物馆暑期安全体验营”活动 842
“中国人民抗日战争暨世界反法西斯战争胜利70周年”图片展 172
中国食用菌产业“十二五”（2010—2015）百项优秀成果展示交易会 764
中国首次食物太岁揭秘展 120
中国亭文化展 803
中国现代科学家巡展 569
中国—中东欧国家精品葡萄酒展示区 770
“中华农耕文化展”巡展 766
中华农业文明陈列* 763
中华优秀传统文化展 302
珠江文化研究会成立15周年学术成果展 516
资源环境* 929
自贡市十大道德模范事迹专题展览 170

艺术与民俗

2015北京中国文物国际博览会 764
2015年北京保利秋季拍卖会（预展） 764
2015年度青年艺术100 764
2015艺术北京博览会 763
2015中国国际文化艺术博览会 763
BBC世界野生动物摄影大奖赛获奖作品展 120
China Joy Cosplay嘉年华山东赛区预选赛暨世博动漫嘉年华 441
OMG梦幻奇缘国际影漫馆 120
PNSO世界恐龙艺术大展——赵闯和杨杨的科学艺术世界 145

A

阿尔山四季风光摄影展 069
爱鸟周“鸟类——我们的朋友”少儿绘画活动作品展 874
爱鸟周“鸟”画展 685
安徽省第五届传统工艺美术产品展 880

B

白俄罗斯版画展 825
百花齐放——何水法书画艺术展 860
“百年巨匠，风华永世”纪念徐悲鸿诞辰120周年画

展　803
“百年又拾·光影记忆”纪念中国电影诞生110周年电影藏品展　790
“北京——2015中华玉雕”精品展（2015年）　901
北京·中国古玩艺术品博览会　764
北京保利2015春季艺术品拍卖预展　763
北京园林写生精品展　815
波兰文化主题艺术展　369
不朽的梵高　373

C

草原小画家——内蒙古少年儿童科幻画画展　717
畅游魔化世界——大型3D奇幻画展　569
川针引线　巧手致富　829
传承和守望——爱国主义教育画展　803
“创世纪”塞巴斯提奥·萨尔加多中国展　302
瓷上园林——从外销瓷看中国园林的欧洲影响　803

D

“大湖溢彩”数码摄画作品展　401
“大山大水、大美四川”美术作品评选　596
当代朝鲜美术作品展　596
“点赞中国梦”——国土资源部离退休职工书画摄影展　901
动漫气球展　437
动漫展品博览会　449

E

儿童绘画作品展“美丽的新疆我的家”　657
儿童绘画作品展“我的低碳生活”　657

F

梵境五彩石为墨，虔心一抹砂化云——唐卡艺术与矿物颜料暨根秋江村大师作品展　901
非物质文化遗产展　880
“风情布拖”摄影展　597

G

根雕馆*　936
“跟着童画游湿地”——2015湿地主题少儿绘画大赛获奖作品展　860
“跟着童画游湿地”绘画摄影作品展　867
馆藏书画精品展　848
光影强国梦　792
广西青少年科幻画优秀作品展　569
广州国际盆景大会暨亚太盆景赏石大会广东科学馆分会场赏石展览　516
国宝钧瓷走进临沂科技馆暨国际民间美术作品交流展　449
国际野生生物摄影年赛获奖作品巡展·中国站　069
国韵华章——中国插花艺术展　812

H

海洋环保书画大赛　679
韩学忠书画展　597
杭州市青少年科技创新大赛优秀少儿科幻画作品展　351
华韵盛装——中国民族服饰织绣展　828
画北京，园林写生——李可染画院　803
“黄河口·大湿地”王府井摄影展成果汇报展　963
卉木含英———汉庐书院李致臣山水班结业展　450

J

纪念黄河博物馆建馆60周年馆藏书画艺术品展览　850
纪念抗日战争胜利70周年抗战老漫画展　120
纪念抗战70周年书画展暨第二届浙江省公务员书画展　860
纪念抗战胜利70周年书画展　774
京津冀非物质文化遗产大展暨传统手工艺作品设计大赛　763

K

科技摄影展　201
恐龙世界3D画展　382

L

老年书画摄影年赛优秀作品展　360
老年书画展　597
临沂市首届硬笔书法获奖作品展　450
聋人学校青少年绘画作品展　1059

M

“冒着敌人的炮火前进”——纪念中国人民抗日战争暨世界反法西斯战争胜利70周年中国电影专题展览　787
美国景观设计之父——奥姆斯特德设计作品展　803
“美丽的地球风光”摄影大赛作品展　923

美术馆* 936
木韵生花——马剑版画作品展 825

N

南来飞雁北归鸿——纪念徐悲鸿先生诞辰 120 周年特展 818
内画馆* 936
“浓情三月三”民俗文化展 137

P

婆娑蓬莱——台湾水墨名家展 120

Q

齐鲁动漫展 441
气象动漫馆* 415
青少年科学幻想绘画展示 647
情系青春——两岸青年视觉艺术联展 120
庆祝新疆科技馆成立三十周年首届“我的科技梦”少儿绘画大赛作品展 1059
全国科学影像节 569
全国青少年太空画创作大赛优秀作品展 716
全国摄影艺术展览 368
全市中小学生作品展 241

R

人文盛世 翰墨千秋——齐鲁名家书画作品展 450

S

山东女子学院艺术学院 2015 年毕业生设计作品展 441
少儿主题艺术作品展 687
神奇画笔* 463
诗意星空天文摄影大赛获奖作品展 720
石卷丹青——宁夏岩画特展 155
“世界最美童画”国际巡展 587
首都科技工作者摄影展 712
丝绸之路风光摄影展 803
“丝绸之路的咽喉”——罗布泊科学考察研究成果和油画展 1059
“丝绸之路的咽喉”——罗布泊科学考察与艺术对话 夏训诚等罗布泊科学考察研究成果和李葳罗布泊油画展 656

T

“叹为观纸”科学创意展 426，464
陶艺* 463
陶艺吧暑期系列活动 449
“天蓝·山青·水秀·人美”会员作品展 360
天文摄影展 264
“童心纸趣”剪纸作品展 360
“童真化彩虹”李杭晏剪纸艺术展 825

W

“为它代言，拒绝表演”公益海报设计作品展 069
“未来汽车设计师”绘画展览 835
未来生活创意家——全国儿童艺术作品展 825
“我们的视角”高中生摄影作品展 360
我们在太行山上——纪念抗日战争胜利 70 周年油画写生展 119

X

西溪且留下——瓷板画艺术展 860
西溪印记——李忠摄影展 860
祥和吉美——中国服装三百年 825
“写生东营”黄河口油画研究院作品展 968
心线神针——陆树娴、陆俊俭、陆蔚华刺绣作品展 886
新旧之交的中国——FernandGigon 摄影作品展（20 世纪 50 年代起） 505
新年动漫娱乐会 440
匈牙利文化艺术主题展 369

Y

亚美尼亚艺术展 825
眼睛大冒险视错觉展 425
燕京飞羽——2015 北京野生鸟类摄影展 069
“艳·遇”科学摄影展 048
羊年康泰——迎新春王同仁羊年画展 803
一代伟人——毛泽东艺术品展 860
艺海行舟——王经华、李百战、沈世铎中国画作品展 450
“影博·影人”专题展三：在大海里航行——于洋和他的“电影之家” 787
“影博·影人”专题展四：尹光中造型艺术作品展 787
影子的世界 208，607，626，643
园林互动* 802
园林文化* 802

Z

展区地面艺术绘画展览　845
浙江人类与自然油画院作品展　120
浙江省“兰亭奖”中小学生书法大赛优秀作品展　360
浙江省中小学生摄影展　120
“纸”有创意　530
珍楠精雕·翰墨瑰宝——成都杜甫草堂博物馆馆藏名家书法木刻精品展　803
郑毓敏画展　120
中国电影国际巡展——纪念中国电影110周年赴俄展　788
中国风景园林学会优秀规划设计获奖作品展　821
中国古代园林*　802
中国近现代园林*　802
中国科学技术大学显微摄影作品展　401
中国名园门券大观　803
中国女摄影家协会原主席侯波、邵华摄影作品展　825
中国生物多样性保护与利用数码摄影赛优秀摄影作品展　072
中国文房四宝产品展和非物质文化遗产展　882
中国文房四宝展　880
中国屋檐下——河南博物院古代建筑明器展　803
中国园林摄影大赛展　803
中国园林书画展　803
中国造园技艺*　802
追梦足迹——庆祝新中国成立65周年摄影大展　368
紫砂茶具展示　818
“自然观·大湿地”摄影展　963
“自然至上·携手共建美好家园”主题插花展　820
自在之境艺术五人展　120
自在之境艺术邀请展　120
自治区及全市中小学书画作品展　241
最美虎滩摄影展　685

教育活动名称分类索引

为方便使用者在不知道教育活动确切名称时从主题内容角度浏览查检，本索引采用分类结合汉语拼音排序方式。先按照涉及的内容范围，将教育活动分为6类，依次为：科普活动，讲座与培训，趣味活动与科普知识，实践与动手，知识竞赛，社会人文与科普演出；类下再按教育活动名称的汉语拼音次序排。使用时，可先根据展览的内容特点确定所属的类目，再在类目下按展览名的汉语拼音次序浏览查找。例，在查找实践操作型的教育活动时，可先找到"实践与动手"类，再在该类下按拼音进行查找；在查找竞赛类教育活动时，可先找到"知识竞赛"类，再在该类下按拼音查找。

科普活动

"2015 年全国科技活动周·流动科技馆进陕北"科普活动 057
"2015 年迎新春文化惠民"主题科普活动 622
"2015 上海国际自然保护周"系列活动 313
"4·22 世界地球日"纪念活动 947
4 月 22 日世界地球日 908
"5·12 防灾减灾"主题活动 775
"5·18 国际博物馆日"主题活动 775
5·18 国际博物馆日宣传活动 156
5·18 国际博物馆日——博物馆致力于社会的可持续发展 156
5 月 18 日博物馆日 908
5 月 19 日中国旅游日 908
6·25 全国土地日科普活动 941
6·5 世界环境日广场宣传活动 633

A

爱德基金会"照亮唐蕃古道"项目青海光伏电源配发仪式暨省科技馆"节能环保"主题科普活动 629
"爱护心灵之窗"全国"爱眼日"主题活动 643
爱鸟周 867
爱鸟周活动 072，964
爱心蚂蚁公益科普活动 570

B

北京古观象台雕版天文图印刷活动 718
北京科技周 836
北京市湿地日活动 872
菠萝科学奖 343
博物馆科普知识宣讲活动 908

C

"参与科普活动，感受科技魅力"科普下乡活动 356
成华区第二十届"科技之春"科普活动月宣传活动 946
城市科学节 837
"冲破蓝菌门"科普宣传活动 325
"崇尚科学　共享科普"——科技馆进校入村活动 660
重庆市"文化遗产宣传月"活动 145
"创新创业、科技惠民"科技活动周科普展 697
"创新创业、科技惠民"活动周 920
"创新创业、科技惠民"科技活动周 502

"春节，让我们再飞一会"公益主题航模科普活动 545

D

大篷车巡展共青城校园行 437
地球日活动 120
地球日主题科普活动 929
地球日主题宣传活动 913
地球一小时活动 748
"地球一小时，你我同参与"活动 173
地学科普沙龙 944
"定期口腔检查，远离口腔疾病"宣传活动 173
东莞科技馆党支部第一党小组科普服务活动——走近航模 547
端午节活动 546
端午文化科普周 668

F

防震减灾科普活动 435
"防震减灾"科普教育活动 1058
"防震减灾"主题科普教育活动 657
"放飞梦想 启迪未来"国庆主题科普活动 416
"飞，其实很简单"大型公益主题航模科普活动 555
佛山市（三水区）全国科普日 537
佛山市 2015 年送科技到基层活动 520

G

跟着大雁去迁徙 867
"共建生态文明，共创美好未来"博物馆日活动 104
"关注候鸟保护，守护绿色家园"爱鸟周活动 070
关爱水生动物，共建和谐家庭 690
关爱水生动物，共建生态文明 697
广东省科技馆研究会欢乐科普行（花都站）活动 505
广东省文化科技卫生"三下乡" 516，545
广西科技馆羊年春节系列科普互动活动 570
广西科技活动周 142
广州科技活动周开幕式暨两岸四地科普交流系列活动 511
广州市番禺区全国科普日宣传活动暨广州科普基地联盟"四进"系列活动——走进番禺启动仪式 505
"国际博物馆日"主题宣传活动 889
"国际光年"主题专场活动 397
国际博物馆日 956，964
国际博物馆日开放活动 303
国际博物馆日主题活动 783
国际观月夜活动 748
国际生物多样性日 120
国际植物日上海系列科普活动 313
国家宪法日普法活动暨广西科技馆开馆 7 周年纪念活动 571

H

海洋科普进校园、进社区 683
寒假科普活动 956
"好医生、好护士"科普活动 345
皓月空舞 情聚中秋 366
合肥市高校天文交流会 740
"贺元宵 传美德"——我们的节日公益科普活动 570
"互联网 + 电"科普主题宣传活动 570
花海星空科普活动 733
"环保新动力 一起轻生活"世界环境日主题活动 836
环球自然日活动 129
"汇聚科普、携手创新"西城区科技周启动仪式 070
"火灾隐患要杜绝，消防安全我先行"2015 年"全国消防日"主题科普活动 629

J

纪念伽利略诞辰 644
进社区活动 382
"近距离走进科学，感受科学的魅力"系列科普活动 746
"京疆创新手拉手 科普惠民心连心"科普活动 1059
荆门市 2015 年全国科普日活动 490
荆门市科技活动周 490

K

"看好手机 关注网络安全"全国网络安全宣传周主题活动 643
"科技创新拥抱智慧生活"科普活动周活动 106
"科技航母——梦想启航"大型科普活动 256
"科技列车丹东行"活动 902

科技馆“科普进校园进社区”活动　497
科技馆活动进社区　209
科技馆进社区　394
科技馆科学院系列活动　343
科技活动周　402
科技活动周暨中国流动科技馆科普宣传活动　627
科技活动周科普活动　923
科技进步活动月大型广场科普活动　537
科技之春　614
科技之春宣传月　613
科技周暨公众科学日系列科普活动　404
科技周宣传活动　613
“科普大篷车”进蚌埠海军士官学院　410
“科普大篷车”进朝阳社区　410
“科普大篷车”进大庆社区　410
“科普大篷车”进果园社区　410
“科普大篷车”进海校　410
“科普大篷车”进荷花园社区　410
“科普大篷车”进宏叶山庄　410
“科普大篷车”进淮上区梅桥镇　410
“科普大篷车”进金域社区　410
“科普大篷车”进桃花园社区　410
“科普大篷车”进文竹苑社区　410
“科普大篷车”进喜迎门社区　410
“科普大篷车”进秀水社区　410
“科普大篷车”进迎淮社区　410
“科普大篷车”进张公山社区　410
“科普大篷车”进长兴乡政府　410
“科普大篷车”进校园进社区活动　502
科普大篷车“三进”活动　523
科普大篷车“五进”活动　413
科普富民兴边　071
“科普富民兴边”科普活动　721
“科普富民兴边”宣传活动　775
科普活动　394
“科普活动进南丹”活动　1052
“科普进军营”活动　141
科普进社区　706
科普进石碣　546
科普进乡村　075
“科普六进”活动　1059
“科普龙江行”第一站走进科技馆活动　295
“科普你我同行　助力生态文明”系列之元旦科普活动　627
科普日活动“金声玉振话科学”　316
“科普日盛宴”参观活动　252
“科普双拥”活动走进部队　546
科普下乡系列活动　758
科普小分队进社区　665
科普小分队走进伊宁市社区、学校　665
科普宣传　765
科普志愿者风采展示月　316
科普中国　闪动中秋　257
科学岛 2015 年科技周暨“公众科学日”活动　404
科学技术知识传播站启动仪式　209
“科学人之夜”活动　057
可持续性食用海鲜　690
“况是清明好天气，不妨再续红月缘”观测月全食大型路边天文活动　745

L

老年人专属科普日　964
两岸三地夏令营科学考察活动　050
辽宁省科技活动周大型科普活动　258
“流动的博物馆”进校园、进社区宣讲活动　908
流动科技馆活动　251
流动科技馆进龙江活动　050
流动科技馆进陕北　721，775
流动科技馆进延安　614
流动天文馆走进威海　721
“六五”世界环境日　964

N

南丹首届科学嘉年华活动　141
内蒙古第二届国家网络安全宣传周　240
“凝聚妇女力量　展现巾帼风采”三八妇女节科普交流活动　570

P

浦东新区科技活动周开幕式　303

Q

“七夕星空、无限感动、美丽神话、银河为证”七夕赏月观星活动　748
“七夕之夜”大型天文科普活动　268
启迪科学智慧，提升科技素养　548
牵手工程　836
“千乡万村”大学生志愿者环保科普　104

"青春科普行（新疆站）"活动　198
"青稞沙龙"系列活动　275
青岛地区"地球一小时　熄灯伴星空"大型路边天文活动　745
青岛水族馆科普大篷车山东巡回展海洋科普宣传活动　674
青海省"全国科普日"活动　629
青海省 2015 年科技活动周天文科普活动　756
青海省科技馆前往火车站社区开展社区科普大学活动　627
青海省科协 2014—2015 年度"科普之冬"活动　627
"全国低碳日"活动　356
"全国科技周"暨北京科技周主场活动　775
全国防灾减灾日　516
全国节能宣传周　408
全国科技活动周　496，956
全国科技活动周广西活动　142
全国科技活动周暨南京市第二十七届科普宣传周主场活动　325
全国科技活动周走进武宣活动　571
全国科普日　837，874
全国科普日福建分会场　416
全国科普日活动　209，325，366，412，872，496，505
全国科普日活动暨广西"十月科普大行动"　141
全国科普日暨杭州市第 29 届科普宣传周活动　356
全国科普日暨科普三晋主题活动　783
全国科普日上海地区重点活动　304
全国科普日乌鲁木齐市系列活动之"中秋文化科普周"活动　665
全国科普日系列活动　075，924
全国科普日系列科普活动　621
全国科普日新疆系列科普活动启动仪式暨"新疆科普之夜"活动　1058
全国科普日主题活动　643
全国食品安全周中国科协主题日活动　199
全球科普日　919

R

人防知识学习活动　438

S

赛复流动科技馆——落户贵州　304
赛复流动科技馆——落户海南海口活动　304
赛复流动科技馆——落户内蒙古　304
赛复流动科技馆——落户青海果洛州斑玛县　304
赛复流动科技馆——落户云南元阳县　304
赛复流动科技馆——落户浙江温岭　304
赛复流动科技馆——上南中学　304
韶关市"科技进步活动月"乳源行系列科普活动　520
社会大课堂　867
社区宝玉石科普知识宣传活动　947
社区活动　122
社区科普大学化石流动展　076
省科技馆 2015 年食品安全宣传周主题活动　628
世界地球日　956
"世界地球日"活动　919
世界地球日纪念活动　923
世界华人科普奖　1031
世界环境日主题宣传活动　947
世界气象日活动　1059
"世界湿地日"科普宣传展览活动　889
世界水日系列主题活动　798
"世界野生动植物日"公益宣传活动　072
"市民科普月"活动　157
水文化节　797
四川省纪念第 46 个世界地球日活动　597，1031
四川省科普双年展　947
四川省全国科普日活动暨第二届科普资源双年展　601
"四进"系列活动——走进番禺电缆厂　505
"四进"系列活动——走进番禺中学　505

T

探索者联盟　303
探索中心教育活动　303
天津市科技周活动　209
《天文爱好者》星空大会　718，759
"天文科普之旅"活动　734
天文活动　251
天文活动下乡　750
天文科普进社区　209

W

万众创新，拥抱智慧生活——水族馆进社区　697
万众创新，拥抱智慧生活——水族馆探索游　697
"万众创新，智慧生活"——2015 年全国科普日辽宁沈阳主场活动　259

"万众创新，拥抱智慧生活"主题天文科普活动　745
"文化科普周"活动　665
"文明诞生记"系列科普活动　772
我的绿色——可持续性食用海鲜　690
我的绿色星球——园丁俱乐部　690
"我们的节日　感恩母亲节"广西科技馆公益科普体验活动　570
"五一"科普活动　142
乌鲁木齐市第十二个科普活动月　956

X

西城区第 25 届"119"消防宣传月主题活动　777
喜迎国庆　765
厦门市 2015 全国科普日市民科普教育基地巡游活动　432
"夏日送清凉　海洋科普情"科普车进八大峡社区　674
"相聚理想之乡"科普活动　718
消防安全大课堂·进北京交通大学　775
消防安全大课堂·进国家图书馆　776
消防安全大课堂·进十三陵老年温馨公寓　775
消防安全大课堂·台资企业进消博　775
消防安全进社区　775
小物件大物理　316
"新起点·新科技·新未来安捷伦科技节"活动　196
学校活动　122

Y

"阳春三月花满园　春分时节蛋儿俏"广西科技馆公益科普宣传活动　570
"仰望苍穹赏月食奇观　俯首躬行传天文知识"主题月全食观测活动　759
迎国庆，梦飞航　首届科技馆航模飞行展—— 2015 浪琴湾　547
"拥抱春天　播种绿色"首都义务植树日科普宣传活动　804
"元宵赏月，羊年话羊"系列天文活动　230

Z

展无止境　394
珍惜地球资源，转变发展方式 ——第 46 个世界地球周主题宣传活动　155
制作天文板报宣传栏　750
"中电新力量计划 2015"科普活动　570
"中华农耕文化展"巡展走进社区　765
"中科院公众科学日"活动　320
中国科协会员日科普游活动　220
中国科协年会科普活动暨 2015 年广东省"全国科技周、全国防灾减灾日、全省科技进步活动月"活动　523
中国科学院第十一届公众科学日活动　284
中国流动科技馆青海省称多巡展　628
中国流动科技馆青海省都兰县巡展　628
中国流动科技馆青海省共和县巡展　629
中国流动科技馆青海省贵德县巡展活动　627
中国流动科技馆青海省互助县巡展　629
中国流动科技馆青海省祁连县巡展　628
中国流动科技馆青海省曲麻莱县巡展　628
中国流动科技馆青海省同德县巡展　627
中国流动科技馆青海省乌兰县巡展　628
中国流动科技馆青海省兴海县巡展　628
中国流动科技馆青海省治多县巡展　628
中国旅游日主题活动　783
中美科普连线——心脏移植手术　369
"筑梦阳光·科普之旅"活动　304
走进博物馆　764
走近天文馆　728

讲座与培训

2015—2016 学年成绩提升专题讲座　566
2015 年天象预告　712
3D 打印课程　836
3D 技术智能机器人培训班　662，1059
3D 特技遥控飞机培训班　545
"4D 空间结构"科技兴趣班　252
"4D 空间结构"科普大讲堂　252
Arduino 工具盒相关课程　347
Arduino 教程　554
E 宝课堂公益培训班　1022
Mbot 机器人教程　554
Mini 四驱车科普课程　843
Scratch 教程　554
UFO 与地外文明　733

A

爱好者望远镜中的魅力宇宙　733
安全用药　489

B

八大行星　743
宝马儿童交通安全训练营　303
宝石的认识及发展　906
保护环境　从我做起　826
保护环境，让生活更美好　407
保护牙齿，绽放灿烂微笑　826
北碚区 2015 年科技人才周专家院士科普行讲座——如何开展户外科学观察探究活动　145
“北海今昔”文化公益讲座　816
北京市“骨干教师培训班”　765
比特高级班　437
比特实验室暑期培训班　556
笔墨绢舞　805
变废为宝环保酵素教你做　352
冰块自制冰淇淋　276
“伯努利效应”讲座　339
“博物馆展览”实践课程　840
博物馆日讲座题目——非洲野生动物中的明星们　145
博物馆预约课程　836
博物馆运营管理探讨　844
博士谈植牙　549
博物馆藏品管理工作　914
博物馆陈列艺术　914
博物馆服务礼仪　914
博物馆讲解经验分享　769

C

重庆科普研学之旅　589
草根论坛　121
朝阳区社会大课堂教学研讨会　765
成都第六期 RFC 会员授证典礼暨继续教育活动　1031
吃出健康智慧　352
臭氧污染——隐形的空气杀手　826
初中开放性科学实践活动　819
传承农耕文明　培育农民精神　771
传承农耕文明　实现民族复兴　764
传统文化视域下的屠呦呦与青蒿素　366
创客教育走进松山湖实验中学　548
创客与创客教育　628
创意机器人进校园教师培训　510
春、秋游青少年学生科普课堂　706
春秋季期课　366
从太空看地球　713
从天体的运动规律说起　713
“从鱼到人的演化之旅”讲座　930
促进社会组织专业化建设　352

D

“达尔文进化论与地质古生物学”讲座　930
“大奔来了”情景式讲解　049
大肠癌离我们有多远　549
“大手拉小手　科技进校园”专题讲座　339
大数据·大智慧　521
大数据时代的园林文化　811
大学生天文节开幕式　209
丹霞地貌科普讲座　927
蛋化石特展　133
当代消费文化变革对科普基地服务形式的影响　326
党校培训、教师培训　505
“低碳减排·从我做起”世界环境日主题活动　238
“低碳生活　从我做起”科普讲座　337
低碳生活　352
地理课堂中的天文知识　728
“地球的奥秘”讲座　930
地球运动　729
地学科普高峰论坛：恐龙的现代展陈理念——以重庆自然博物馆为例　146
地学科普知识讲座　926
地学小课堂　925
“地域一体，文化一脉”京津冀志愿者联合讲述　826
地震应急常识　267
地震灾难与应急防护　267
“地质学基础知识”科普知识讲座　936
地质矿产勘察　914
地质学家李廷栋院士作漫话地球“三极”科普讲座　902
第 59 期文博讲坛——“走进恐龙世界”科普讲座　156
第 64 期文博讲坛——神奇的恐龙世界　157，165
第二届全国地质古生物博物馆馆长专业培训班　078
第二课堂　357
电磁演唱会　369
“电动汽车　绿色先锋”科普讲座　836
电影大讲堂　788
电影大讲堂——剪辑的力量　791

电子积木课程 496
定时讲解 324
东莞新形势下的节能策略与技术 549
东莞制造业职业卫生和职业病预防论坛 549
动力的变革 836
动力模型培训 264，993
“动物，动之美——动物行为趣谈”专题讲座 233
逗趣科学课之视错觉 590
逗趣科学课之探究光的路径 590
读绘本讲故事 一同走近孩子内心世界 269
读书给你力量 826
端午节体验课程 589
对中国园林的认识和思考 818

E

“二十四节气”讲座 764
儿童交通安全训练营 264，993

F

番禺区骨干科技工作者科普交流培训 510
“防灾减灾”科普报告 410
“放飞梦想——波音航空科普教育大讲堂·河北航空专场”科普活动 220，222
“飞行之梦”亲子课堂 996
“飞天梦想 太空翱翔”科普讲座 336
“非洲野生动物中的明星们”专题讲座 149
非科技类课程 425
风光与人文的光影对话 599
复兴博物学的理由和手法 477

G

高铁之根——光荣的历程 辉煌的业绩 855
高校地学沙龙 926
高效记忆讲座 598
给路东之先生的一封信 815
跟我去追星 712
跟踪世界科普教育新走向，铸建创新驱动的社会基础 628
工业 4.0 477
工作室兴趣班活动 251
“公职人员职业道德素质与修养”讲座 936
公众讲座 712
孤独症儿童教育机构专题培训 775
古都北京园林建设手法 820
“古建之韵”主题讲解 189
古生物地层学 914
古生物科普讲座 325
“关心温室效应，低碳你我他”科普讲座 336
关于太阳 732
关于中秋赏月的精彩天文科普讲座 232，236
关注孩子身高，关注孩子未来 598
观天巨眼——五百米口径球面射电望远镜工程 713
莞城步步高小学基地课程 546
馆辅导员送课堂 349
馆科学教育 468
馆校结合——高滩岩小学 589
馆校结合科学课“文明的使者——造纸印刷体验” 189
馆校联合 250，253
管理人员研修培训 585
光耀世界——2015 年国际光年科普报告会 416
光影知识乐园·进校园系列活动:《电影特技解密》析（顺义区石园小学）活动 792
广东科协论坛——农业现代化与智慧农业发展展望 521
广东科协论坛——探索信息显示的未来 521
广西青少年机器人竞赛组织工作者及教练员培训班 585
规范小餐饮从细节做起 489
贵州省青少年科技辅导员科学微电影培训班 622
国际光年知识讲座 287
国际矿物宝石博览会高峰论坛——恐龙化石挖掘及其科学意义 145

H

哈工大学生培训影院知识 1001
哈秋莎钢琴演奏会 549
海西科普大讲坛 416
“海洋大咖”海洋科普课程 683
海洋动物保护趣味谈 697
海洋动物科普暑假课堂 697
海洋科普进校园 679
海洋课堂讲座活动 702
寒假“小博士”科技培训 646
杭州科学大讲堂——传染病预防与控制 361
杭州科学大讲堂——带着数字与玫瑰旅行 361
杭州科学大讲堂——海峡两岸健康促进医院对比分析 361

杭州科学大讲堂——呼吸权与免疫（健康）建筑——以台湾地区为例　361
杭州科学大讲堂——健康与心理　361
杭州科学大讲堂——今天，我们该怎么吃　361
杭州科学大讲堂——科幻电影的秘密　361
杭州科学大讲堂——蓝光 LED 及照明新技术　361
杭州科学大讲堂——良好习惯缔造健康人格　361
杭州科学大讲堂——食用油营养与人类健康及食品安全　361
杭州科学大讲堂——水环境保护与生态修复　361
杭州科学大讲堂——突发事件与自救逃生　361
杭州科学大讲堂——转基因食品的食用安全性　361
杭州市社区科普讲师团　361
航空飞行原理　352
航空科普知识　352
“航空气象与航空管制”主题讲座　1022
航模班　437
“航天科技连着你和我——院士专家校园行”广西自然科学博物馆协会主题科普巡讲活动　571
“航天科技连着你和我——院士专家校园行”主题科普巡讲活动　1053
航天主题科普巡讲　1052
禾馨论坛　382
合成生物学工坊　370
合肥科技馆小小讲解员寒假活动　396
合同法律风险讲座　566
“和田玉鉴赏”讲座　930
和同学们谈谈生态旅游　826
核聚变，人类未来新能源　407
“‘核’我探秘展”科普讲座　1057
贺元宵传美德　571
恒星的一生　743
弘扬爱国主义精神，做新时代的有志少年　173
红豆科学小课堂　581
“红外相机镜头下的野生动物”专家科普讲座　121
互联网时代知识传播与学习方式的变革　366
“化石及其相关知识”专题讲座　150
化石里的进化　316
化石与恐龙世界科普知识讲座　947
会游泳的龙——扶绥中国棘龙　137
会眨眼的猫头鹰　276
活学传统文化　创造美好生活　813
火星救援——人类移民火星之路　750
火星陨石的故事　712

J

机器人的奥林匹克大赛　366
机器人活动　273
机器人培训　264，993
机器人总动员班　646
基因组里隐藏了多少秘密　420
“急救白金十分钟”科普培训活动　644
计量历史、文化、内涵　366
纪念“三·八”国际劳动妇女节专题讲座　416
纪念 2015 年世界气象日科普报告会　416
寄彩山水　805
建局六十周年主题地矿青年讲堂　957
“讲解艺术”与“艺术讲解”讲座　765
匠心探索少年学堂　769
教辅课程　425
“教师培训”活动　464
教育的未来——关注孩子的精神成长　531
“进化论与澄江动物群”讲座　930
进社区专题讲座　416
进校园专题讲座　416
《近代科学的起源》的“科学与文化”讲座　477
近地天体会是地球的终结者吗？——观测和预警　735
镜头里的奥妙　713
“京津冀地区湿地生态系统评价”培训班　869

K

“卡林加奖”获得者李象益教授开展科普报告　628
“开学第一课”科普日讲座活动　906
开放性科学实践活动　070
开普勒空间望远镜及系外行星　732
开展第二课堂，增强环保意识　889
考古不挖帝王陵　511
科创论坛 164 期“恒星的演变”　746
科幻画入门班　646
科技·人文大讲坛　594
科技·人文大讲坛第 42 期——一个座落在诗歌里的城市　587
科技·人文大讲坛第 43 期——军用飞机与世界作战　587
科技·人文大讲坛第 44 期——刘墉与你畅谈亲子教育　587
科技·人文大讲坛第 45 期——亲子沟通的金钥匙——TA 在孩子教育中的应用　587

科技·人文大讲坛第46期——“皮皮鲁送你100条命”安全讲座 587
科技·人文大讲坛第47期——健康生活方式漫谈 587
科技·人文大讲坛第48期——探险地球两极 587
科技·人文大讲坛第49期——全新思维与世界科普教育新走向 587
科技成就梦想 266，268
科技大讲堂 544
科技大课堂 556
科技辅导员培训 621
科技馆活动进白庙小学 490
科技馆活动进胡集小学 490
科技馆活动进校园 492
科技馆活动进校园——我们来造船 420
科技馆进校园 251
科技活动周——“鸟中大熊猫——神奇的中华秋沙鸭”课堂 145
科技景观文化课 303
科技课 544
科技类课程 425
科技论坛 556
科技生活大讲堂 555
“科技制作”课程 581
科普大讲堂 070，687，872
科普大讲堂——百姓投资理财 265，993
科普大讲堂——保持健康心态，打造幸福人生 265，993
科普大讲堂——发明创造就在你身边 265，993
科普大讲堂——改善亲子关系、激发孩子学习动力的操作方法 265，993
科普大讲堂——孩子的心理素质决定学习成绩 265，993
科普大讲堂——合格家长的“六一”标准 264，993
科普大讲堂——机器人的昨天、今天和明天 265，993
科普大讲堂——开发青少年创造力，成为创造性人才 265，993
科普大讲堂——昆虫与人类的关系 265，993
科普大讲堂——培养孩子自信心的方法 265，993
科普大讲堂——青少年如何处理各类人际关系 264，993
科普大讲堂——如何保持积极向上的健康心理 265，993
科普大讲堂——如何培养高素质的子女 265，993
科普大讲堂——如何让孩子拥有积极健康的心理品质 264，993
科普大讲堂——如何认识天外来石 265，993
科普大讲堂——五种方法培养孩子责任感 264，993
科普大讲堂——学习成绩的背后是心理素质 265，993
科普大讲堂——怎样做和孩子一起成长的合格家长 265，993
科普活动进警营暨第一季度消防培训 573
科普活动进校园——沙市第二十一中学 942
科普活动进校园——走近青园小学 942
科普讲解 563
科普讲坛——大家庭迎来一个新的伙伴——走读大武汉系列活动 485
科普讲坛——科普的时代性与特征 485
科普讲坛——垃圾科学分类管理 485
科普讲坛——星空探秘 485
科普讲坛——医疗器械管理与使用 485
科普讲坛——走进机器人 485
科普讲座 274，464，880
科普讲座进同安路小学活动 674
科普教育交流平台之大气压的魔力 441
科普教育交流平台之脑力大挑战 441
科普教育交流平台之森林揭秘 441
科普教育交流平台之谁知道，水知道 441
科普教育交流平台之想挑战吗？ 441
科普进校园 217，924
科普课程 060
科普梦工场 556
科普日宝玉石知识讲座 902
科普日活动——化石及其相关知识 146
科普微讲堂 394
科普小讲堂 246，248
科普心——创精彩 209
科普知识讲座“地震，原来如此” 388
科普志愿服务培训 926
“科学+”系列活动 343
科学大讲堂 382
科学大讲堂——海绵城市与嘉兴 384
科学大讲堂——幸福人生的心理法则 384
科学大讲堂——营养与健康 384
科学大讲堂——走近灾害 远离灾难 384

科学防治，远离中风 366
“科学绘画的故事及如何做自然笔记”专家科普讲座 121
科学技术让生活更美好 549
“科学家与你面对面”科普大讲堂巡讲活动 404
“科学家与你面对面”公益性科普讲堂活动 387
科学讲坛 188
科学课堂 485
科学课堂进校园 326
科学类课程活动“昆虫记”系列 371
“科学面面观”主题讲解 316
科学融合艺术学堂 136
科学沙龙——一起探讨月亮起源不得不说的秘密 666
科学实验课 273，276
科学实验培训 264，993
“科学玩家”科普培训 371
“科学玩家”课程 584
“科学小达人”系列趣味科学培训 647
科学小讲台 302
科学小实验课堂 521
科学知识大家讲——月球的起源 666
课程实施推广年 744
空间碎片与地球空间安全 712
空气动力版 276
恐龙传 914
恐龙蛋 诞恐龙 120
“恐龙化石挖掘及其科学意义”讲座 148
“恐龙那些事儿”讲座 146
“恐龙万里行”校园科普讲座 111
矿物的硬度与宝石 926
矿物学与岩石学 914
昆虫社团 104

L

乐博机器人教育培训 173
乐高机器人培训班 325
利用社会资源丰富中小学校外活动课程 868
两岸四地科普论坛 511
辽宁省青少年机器人竞赛教练员培训 266
流星天文学巡礼 712
流星雨 743
柳州科技创新大赛辅导员培训班 585
“六月儿童科学乐”活动 389
龙江陆海丝绸之路经济带 290
绿螺讲堂 303
绿色生活论坛 352
“绿色物理，活力青运”趣味科技运动会 418

M

馒头诞生记——聊聊我们的主食 770
漫谈地学科普讲解 914
美国中白垩世和始新世的有花植物 078
美丽的红月亮 315
美丽蝴蝶——大自然的精灵 137
魅力观鸟 826
魅力科学课堂 464
蒙语小小讲解员 252
“麋鹿回归”演讲公益行 060
面条搭建的桥 276
民汉双语地学科普讲座 958
名家天文科普讲座 750
魔方训练营 338
母亲节“芬芳五月花香浓 母爱绵长诉深情”花艺课程 804

N

南京，一座呼唤天文馆的城市 732
南京科技馆乐高机器人（少儿）培训班 330
南京科普教育基地发展论坛 325
“你问我答系列之电动汽车”现场科普课堂 835
“鸟儿们的‘衣食住行’”专家科普讲座 121
“鸟类与自然的秘密生活”主题讲座 1023
鸟中大熊猫——神奇的中华秋沙鸭 152
“宁安之夜——秋季星空”天文讲座 745
农博讲堂 769
农博讲堂——城镇化与城乡统筹 769
农博讲堂——跟踪世界科普教育走向，铸建创新驱动社会基础 770
农博讲堂——话说二十四节气 770
农博科普课堂 772
农业博物馆陈列讲解的基本要求 764
农业文明交流讲座 764
诺贝尔医学奖与青蒿素的发现 549

P

陪你去看流星雨 746
皮皮鲁安全讲座 826

品鉴好吃的园林 805
“平地起蓬瀛，城市而林壑——古都北京的园林建设”专题讲座 820
“破解快速记忆之谜”主题讲座 1023
普通地质学 914

Q

奇妙的指纹 276
奇妙的中高层大气 713
“气候变化与气象灾害”主题讲座 1022
气候变化与人类文明兴衰 926
气象科普讲堂 324
气象科普知识讲座 246
汽车创意设计课程 836
汽车的模样 836
汽车绘画课程 836
汽车科技主题教室 843
汽车污染与排放 836
巧手 DIY 班 646
“亲近科学、走近科学”系列讲座 237
琴音雅韵 805
青葱小学堂 076
青岛水族馆到书城宣传海洋科普知识 674
青岛水族馆到郑州路社区开展海洋标本知识讲座活动 674
青岛水族馆进青岛市南区实验小学等 7 家小学讲座 674
青岛水族馆进三十九中讲座 674
青岛水族馆进书城讲座 674
青岛水族馆进中国海洋大学讲座 674
青岛水族馆与青岛农业大学共建科研实践基地 674
青海省科协社区科普大学在乐都区开展培训 627
青稞沙龙 104 期“互联网 +”时代的科普之道讲座 457
青稞沙龙 121 期 智慧之光——品读河南古代科技文明 457
青少年地学科普培训 926
青少年环保活动的组织与策划 152
青少年机器人寒假强训营 275，278
青少年科技辅导员培训 410
青少年科普讲堂 402
青少年科普剧剧本创作培训 661，1058
青少年科普小讲堂 121
青少年科学梦工场“全国科普日”主题活动 589
青少年科学梦工场冬令营课程 588
青少年科学梦工场科学梦想汇春季系统课程 589
青少年科学梦工场科学梦想汇秋季系统课程 589
青少年科学梦工场体验课 589
青少年科学梦工场与搭搭乐乐合作推荐课 589
青少年趣味创意编程培训班 300
青少年人文公益讲座 826
氢气发电课程 496
秋叶为什么这样红 819
“趣谈古代光学”讲座 399，738
“诠释天坛”文化公益讲座 820
全国大学生绿色营科普讲座——青少年环保活动的组织与策划 146
全国科普日专题报告 416
全区青少年科技辅导员科技教育活动培训班 650
全区青少年科学影像节骨干教师培训班 650
全区未成年人校外活动场所骨干教师培训班 585
全区乡村学校少年宫科技辅导员培训班 581
全省（山东）校园流动科技馆运行管理培训班 445
全省科技馆及科普志愿者科学教育活动创新与组织培训班 387
全省科技馆信息化工作及智慧科技馆建设业务培训班 388

R

热河生物群研究进展 080
人才发展促进东莞创新 549
人防工程与地下空间使用安全 599
人类的超感 713
人文科学公益教育系列讲座第五期——人如何处理好各种关系 541
人文科学公益教育系列讲座——人的科学发展 538
“人与地球”讲座 930
人与天的对话 366
“人造太阳——人类未来生存之本”科普报告会 388，407
认识地球 926
认识海洋从这里开始——青岛水族馆到三十九中讲座 674
“‘日食、极光’科技与大自然的和谐之美”主题讲座 1022
“如何实现初中数学学习质的飞跃”学习讲座 563
如何避免食物中的有害成分 489
如何开展户外科学观察探究活动 152

S

赛复流动科技馆——第六期赛复流动科技馆运行实务培训 304
“赛先生”来了专题讲解 049
“三高”疾病与健康养生 597
“‘三体’中的物理学”主题讲座 1023
三叶虫的故事 137，140
沙湖春节小学堂教育活动 896
山东省第四十六个“世界地球日”科普报告会 442
山东省科技馆珠心算素质教育公益培训班 445
“山居仙境”公益文化讲座 818
山西科学讲坛 227
“商周时期的鸟兽形青铜酒器”专家科普讲座 121
上海科普大讲坛 309
上海科普大讲坛——“城市中的自然”讲座 310
上海科普大讲坛——石墨烯——21世纪“新材料”之王 311
上海科普大讲坛——中医送给世界的礼物——从屠呦呦教授获得诺奖说起 311
少儿思维训练班 489
少年儿童水科普教育 797
少年科学院 544
少先队员主题演讲 926
社会大课堂活动 049
社会管理视角下现代婚姻向何处去？——解析现代婚姻观与心理调适 597
社区科普大学 075
身边的趣味矿物学 926
深圳青年大讲堂 531
什么是化学 471
“神奇的恐龙”主题科普讲座 162
“神奇的石头”科普讲座 958
神奇的飞椅 276
神奇美妙的南极 471
生命的起源——回到中生代 328
生命急救，你知多少？ 549
“生命起源与生物多样性演变”讲座 930
生态人居——我们的理想家园 826
生态文明视阈下的福建水资源绿色开发与利用 419
“生态文明建设”院士科普报告会 416
生物多样性与环境保护 826
声音 276
省总工会党课 598
“湿地博物馆——我的第二课堂”科学课堂科普活动 890
时间的故事 712
食品安全及科学饮食 826
食品安全知识讲座 246，248
世界地球日——科普活动进校园——地质中学 942
世界各国联合起来，共同探索我们的宇宙——三十米望远镜项目介绍 712
“世界环境日”可口可乐中国与壹基金科普讲座——珍爱生命之水 145
释放孩子的天性 468
“守望历史 开拓未来”农业文明和农业文化遗产讲座 765
暑期电脑机器人培训班 657
暑期天文培训班 750
“暑期小小讲解员”培训 933
暑期园林科普小讲堂 805
暑期园林科普小讲堂——“舌尖上的植物”系列3期 805
暑期园林科普小讲堂——北京的燕子 805
暑期园林科普小讲堂——动植物大战 805
暑期园林科普小讲堂——汉字与建筑 805
暑期园林科普小讲堂——昆虫总动员 805
暑期园林科普小讲堂——龙生九子与现生动物 805
暑期园林科普小讲堂——文物展览赏析 805
暑期园林科普小讲堂——屋脊兽的传说 805
暑期园林科普小讲堂——园博馆里的动物 805
暑期园林科普小讲堂——园林中的吉祥纹饰 805
暑期园林科普小讲堂——原生鱼的奇妙世界 805
暑期园林科普小讲堂——植物界的爱因斯坦——巨魔芋 805
暑期园林科普小讲堂——中日传统庭园异同赏析 805
暑期园林小讲师 805
树木年轮的奥秘 315
水文化讲座 797
水下潜水作业员的潜水课程培训 695
“水之密语”科学课 331
水族公开课，蓝色启迪行 674
说端午 话民俗 366
说说苹果那些事 315
说天文，学科学 732
四点钟课堂 366
四季星空 728

T

“苔藓植物资源的开发利用现状与展望”专家科普讲座 120
太阳 743
太阳活动和空间天气 712
太阳——我们的恒星 732
“太阳射电观测”和“小行星观测” 732
太阳系新探与太阳系外的另一个地球 750
探秘化石 316
探求自然与人文跨界合展展览的新途径 131
探索 3D 打印的奥秘 366
“探秘苍穹”主题讲解 189
“探索恐龙蛋的繁殖行为”专家科普讲座 120
“探索恐龙的世界”科普讲座 115
“探索宇宙奥秘的新进展”主题讲座 1022
糖妈的时间哪儿来的 826
陶艺教育开启智慧之门 549
天地之大美与博物人生 477
天府科普大讲堂 1057
天府科普大讲堂——“‘核’我探秘展”科普讲座 598，1031
天府科普大讲堂——“‘核’我探秘展”科普讲座——核电日专题 598，1031
天府科普大讲堂——“‘核’我探秘展”科普讲座——核装备日专题 598，1031
天府科普大讲堂——“‘三高’疾病与健康养生”讲座 1031
天府科普大讲堂——“风光与人文的光影对话”讲座 1032
天府科普大讲堂——“核”我探秘展科普讲座核科学技术展座谈会 598
天府科普大讲堂——“人防工程与地下空间使用安全”讲座 1032
天府科普大讲堂——“食品安全——食源性疾病”讲座 1031
天府科普大讲堂——“天府健康论道”讲座 598，1031
天府科普大讲堂——创新创业主题报告会 1031
天府科普大讲堂——第四届国际山地户外安全与救援国际会议 1031
天府科普大讲堂——关注孩子身高，关注孩子未来 1031
天府科普大讲堂——核科学技术展座谈会 1031
天府科普大讲堂——满目青山夕照明——感悟老年人生 598，1032
天府科普大讲堂——“社会管理视角下现代婚姻向何处去？——解析现代婚姻观与心理调适”讲座 1031
天府科普大讲堂——省科协海外人才引进计划会议 1031
天府科普大讲堂——省养生促进会讲座 598，1031
天府科普大讲堂——食品安全——食源性疾病 598
天府科普大讲堂——重阳节专题讲座 599，1032
天津市天文科学课程培训 209
天外来客——陨石 732
天文爱好者初级班 755
天文爱好者中级班 755
天文奥赛组织 217
天文创课堂——冬季星空 744
天文创课堂——光影的魔术 745
天文创课堂——光与影 742
天文创课堂——流星雨 743
天文创课堂——太阳系 743
天文创课堂——太阳系 743
天文创课堂——星座 742
“天文馆探秘”社区体验活动 712
天文讲座 450
天文教学活动 217
天文科普教学 723
“天文科普”进校园活动 220
天文课 758
天文课程共建 210
天文课程进校园 209
天文课堂 743
天文拍摄里的几道门槛以及如何逾越 712
天文培训班 209，210
天文微课堂“光影的魔术” 748
天文小讲堂 217
天文兴趣班培训 759
天文学基础 728
天文学家的眼睛 644
天文学入门 728
天文之美——探索宇宙的奥秘 750
天文知识讲堂 209，644
天文知识科普讲座 325
天文综体课 746
同安路小学来馆进行讲解礼仪和技巧培训 674

推进创客教育，铸建创新驱动的社会基础　549
推进创客教育　筑建创新驱动社会基础　209

W

外出巡讲（房山窦店小学）826
外出巡讲（宏志中学）826
玩转科学课　324
玩转科学课——“圈圈圆圆圈圈”也是科学　331
玩转科学课——伯努利原理　329
玩转科学课——飞机真的安全吗？　328
玩转科学课——杠杆原理　328
玩转科学课——光的秘密　330
玩转科学课——静电体验　330
玩转科学课——空气大力士　330
玩转科学课——脑力大挑战之眼见为实？　329
玩转科学课——消防总动员　329
玩转科学课——有趣的力学——摩擦力　328
玩转科学课——重心在哪里？　329
玩转牛顿　437
万众创新　拥抱智慧生活　269
“为鲵前行”保护中国野生大鲵讲座　137，140
“未来设计师”创意主题教室　836
“未来设计师”科普课堂　836
位于星系中心的超大质量黑洞所揭示的新物理现象　712
“温室效应和低碳生活”讲座　339
文登路小学来到青岛水族馆观测站实验室　674
“我和科学家有个约会”系列活动　364
“我们身边的鱼类”专家科普讲座　121
我们与雾霾　826
“我是小司机”儿童驾驶学校　836
“我是小小讲解员”培训　048
“我与恐龙有个约会”恐龙科普知识讲座　114
污染源追踪和空气质量控制　352
“无处不在的伯努利效应”科普讲座　337
“无角角龙”专家科普讲座　121
无线电波中的宇宙　713
武汉科普讲坛　488
“物联网创客——比特实验室”　437
“雾、霾与大气污染”专题讲座　233

X

西溪的花木　865
西溪与红楼文化　865
吸管会唱歌　276
犀牛河马馆探秘　070
现代科技馆科普志愿者培训班　404
现代宇宙学　732
向中国电影诞生 110 周年致敬——百年影人　791
向中国电影诞生 110 周年致敬——中国电影诞生 110 周年概览　790
消防安全大课堂　778
消防安全知识培训　764
小创客培训活动　467
小谷围科学讲坛（第 129 期至 153 期）505
小谷围科学讲坛——奇妙世界是如何探索出来的　511
小鬼当家防灾减灾迷你训练营　432
小鬼当家——趣味数码课堂　595
小牛顿科学实验班　563
小牛顿科学实验课　419
小汽车　大世界　836
小升初讲座　426
小小飞行员培训班　547
小小辅导员培训　226，266
“小小讲解员”活动　290
“小小讲解员”培训班　122，546，662，846
“小小讲解员”选拔培训　316
小小讲解员暑期培训　556
小小讲解员双语培训班　665
小小科技辅导员“防灾小达人”暑期特训营　589
小小科技辅导员培训班　473
小小科普讲解员项目　048
小小科学家　486
小学生矿物知识科普教育活动　949
小学生天文培训班　210
新版 GB2760 食品安全国家标准企业标准编写培训　566
新视野号——冥王星探测最新成果　713
新中国式家长学堂　549
星期四课堂　080
星团中恒星的成长故事　712
性格、情绪、幸福——幸福是一种快乐的情绪体验　366
学会与地震灾害共存　926
学校天文馆建设　728
“学校教育走进科技馆”主题教学活动　261
寻找地球的兄弟　732

Y

烟花爆竹销售人员消防安全培训 775
雁塔区 2015 年下半年社区科普大学开课暨学员第二课堂活动 173
“艳遇科学摄影”培训 049
阳台小菜园 826
杨昌炽“仰望星空”天文科普讲座 495
“仰望星空”——天文学基础 730
“仰望星空”天文讲座 502
“养只恐龙作宠物”科普专题讲座 942
邀请青岛同安路小学到馆参加海洋科考活动 674
“一轮明月是谁造”科学探索讲堂 668
一起聊聊吧 303
一堂实践课，一次科普展 075
“依法治国新起点，法治中国新蓝图”专题讲座 600，1057
以“虫”命名的石头 959
以水为师——水文化与水保护漫谈 471
“意念在机器人世界中的神奇力量”科普报告会 388，407
“邮票上的贝壳”专家科普讲座 121
有趣的淀粉 276
“有趣的科学小实验”科普讲座 466，468
“与专家面对面”讲堂——大连的野菜 088
“与专家面对面”讲堂——地球上最古老的岩石 087
“与专家面对面”讲堂——海洋瑰宝——珊瑚 087
“与专家面对面”讲堂——揭秘人类的起源与演化 087
“与专家面对面”科普互动答疑——聪明植物展厅答疑 089
“与专家面对面”科普互动答疑——地球展厅答疑 088
“与专家面对面”科普互动答疑——第四纪哺乳动物展厅答疑 088
“与专家面对面”科普互动答疑——肯尼斯贝林展厅答疑 087
“与专家面对面”科普互动答疑——认识博物馆周边植物 087
“与专家面对面”科普互动答疑——认识周边的植物 087
“与专家面对面”科普互动答疑——湿地展厅答疑 088
“与专家面对面”科普互动答疑——无脊椎动物展厅答疑 088
“与专家面对面”科普互动答疑——硬骨鱼展厅答疑 087
“与专家面对面”科普讲座—— 2015 环球自然日挑战活动辽宁分站馆校合作答疑会 086
“与专家面对面”科普讲座——博物馆是如何运作的 089
“与专家面对面”科普讲座——聪明的植物 089
“与专家面对面”科普讲座——大连地区外来入侵植物 089
“与专家面对面”科普讲座——大连地区珍稀濒危植物 087
“与专家面对面”科普讲座——大连地区植物多样性 085
“与专家面对面”科普讲座——跟牧夫学天文——天文入门讲座 089
“与专家面对面”科普讲座——槐树的文化底蕴 086
“与专家面对面”科普讲座——人类起源与早期进化 086
“与专家面对面”科普讲座——天文自驾游 089
“与专家面对面”科普讲座——我们的宇宙 089
“与专家面对面”科普讲座——延时摄影 089
“与专家面对面”科普讲座——有趣的海洋食物链 086
“与专家面对面”科普讲座——鱼类分类基础知识与趣谈 085
“与专家面对面”科普讲座——植物的秘密 086
“与专家面对面”科普讲座——走进非洲象 086
与鸟窝对话 805
宇宙：从开始到最后 713
宇宙生命和地外文明 734
宇宙中最神秘的天体——类星体 712
语文学习科普报告会 437
“遇见科学松鼠”公益讲座 425
“圆的世界”专题讲座 519
园林探索之旅 815
园林文化大讲堂 810
远古的呼唤 1006
远古生物——恐龙（南京地质博物馆珍藏恐龙化石）926
月全食知识讲座 647
“陨石与撞击坑”专题讲座 942
运动与健康 549

Z

浙江省青少年科学调查体验活动辅导教师培训班 356

珍爱生命之水　152
珍稀濒危植物保护论坛　549
拯救汽车人　846
植物生态墙　819
植物知识科普讲座　325
“纸间数学”展示体验配套折纸课程　589
纸来纸去　276
咫尺博弈　805
志愿者培训与活动　189
智能机器人培训　563
中国·合肥“科学家、企业家讲坛”　394
中国传统染色技术　137
“中国古代车马文化”系列课程　836
中国古代道路　846
中国古代交通　846
中国科协“大手拉小手——科普报告希望行”青海活动　628
中国空间技术进步　366
中国园林艺术的门道　813
中科馆大讲堂　188
中小学地球科学素质教育大课堂示范活动　902
中小学社会实践课　242
中小学生发明创造示范单位骨干教师培训班　585
中原古代器物上的动物意象　121
种植牙的那些事儿　366
重视心理卫生　提高幸福感　548
周末天文培训班　750
“珠宝·投资·收藏”讲座　902
珠江科学大讲堂——从航模到无人机　512
珠江科学大讲堂——从青蒿素发明到青蒿素复方快速清除疟疾传染源　512
珠江科学大讲堂第二十二期——蛙在中国壮阔　506
珠江科学大讲堂第二十期——把数学变容易　506
珠江科学大讲堂第二十一期——互联网的资源观　506
珠江科学大讲堂第十八期——从航模到无人机　506
珠江科学大讲堂第十九期——从青蒿素发明到青蒿素复方快速清除疟疾传染源　506
珠江科学大讲堂第十七期——说霾话雾——PM2.5近期热点与中国大陆灰霾天气　505
珠江科学大讲堂——互联网的资源观　513
珠心算专场展示交流会　442
烛光晚餐　276
主题讲解　122
自贡恐龙博物馆小小讲解员培训班　156
自贡恐龙发现100年“神奇的恐龙”系列讲座之“探索恐龙”　157
自贡恐龙发现100年“神奇的恐龙”系列讲座之“恐龙世界几多谜”　156
自贡恐龙发现100年“神奇的恐龙”系列讲座之“探寻恐龙的奥秘”　155
自贡恐龙发现100年系列活动“龙宫讲坛”之“进化论人类思想的飞跃”　156
自贡恐龙发现100年系列活动“龙宫讲坛”之“达尔文与进化论”　155
自贡恐龙发现100年系列活动“龙宫讲坛”之“征程——从鱼到人的演化之旅”　156
自贡恐龙发现100周年系列活动:“神奇的恐龙”系列讲座——走进恐龙世界　156
自然科普课外课堂“玩在大自然”　060
自然科学的博物传统与民族文化　477
“自然科学类科普剧现状及未来发展模式探讨”的生态科普体验课程　066
“走进新时代的中国剪纸艺术”专家科普讲座　121
走进天文台——我来为你作讲解　732
走进岩石矿物——自然梦想课堂　122
走近伽利略　644

趣味活动与科普知识

“2015阳光少年科普宣传活动进校园”活动　777
5·18国际博物馆日活动　951
“light on亲子科学时间”品牌活动　594
PowerTech仿生机器人夏令营　373
STEM科技馆奇妙日　302

A

“爱鸟·护鸟”科普系列活动　336

B

拔河比赛　242
“爸气十足”公安干警亲子趣味游乐会　493
“百名少年游博物馆”大型科普教育活动　937
百名学子体验科技　373
北京海洋馆“爱鲨日”暨“暖心嘉年华”系列活动　682
北京学生科技节　837
“奔跑吧，宝贝”科普寻宝活动　336

“奔跑吧！孩子”寒假训练营　324
“奔跑吧，荆门”大型亲子活动　493
“奔跑吧少年”夏令营　316
毕节市“青少年走进科技馆·体验科学”系列科普活动　622
变废为宝　低碳生活　928
“变废为宝　从我做起”——2015 年青海省青少年科学调查体验活动　627
“变废为宝　从我做起”——2015 年宁夏青少年科学调查体验活动　647
“缤纷活动　乐满中秋”科普活动　336
博物馆科普进校园活动　947
博物馆奇妙日　084
博物馆奇妙夜　076，112
博物馆奇妙夜——夜宿恐龙馆主题活动　115
博物馆之夜——科学小夜场　836

C

创意机器人进校园　514
“参与科普活动，感受科技魅力”科普进校园活动　357
长沙晚报“小记者”团、爱圈内等社团　942
畅游光影视界，品味艺术人生　792
畅游乐高世界　246
“成童礼”活动　326
齿轮的奥秘　183
初识心脏　184
穿越侏罗纪——自贡恐龙博物馆不眠夜活动　156，164，168
传承端午，父爱同行　173
传统文化进校园　826
创新蓉城　科普一日游　947
创意机器人系列活动　505
“创玩科学欢乐行”活动　385
“创新在我身边”2015 年广西知识产权宣传周中小学生发明创造专题活动　575
“创造梦想　快乐体验”六一主题活动　643
“春节大联欢——古代科技庙会”活动　189
春节特别活动　839
春意“羊羊”之“娃娃科技庙会”　603

D

达人带你逛　302
大学生天文节　214
“低碳改变环境”系列科学主题活动（模型主题）357
“低碳改变环境”系列科学主题活动（实验主题）356
低碳我先行，呵护杭州蓝　352
“地球构造”科普活动　922
地小博俱乐部　943
地学科普进校园　906
地学科普走进石景山中学　902
第三十个麋鹿回归日暨麋鹿科学发现 150 周年纪念活动　065
东莞科技馆航模表演队走进大朗镇崇文小学　547
东莞科技馆科技课走进中堂中心小学　546
东莞科技馆科教服务下基层走进松山湖活动——中心小学　548
东莞科技馆科普活动“飞”进山区校园　545
东莞科技馆走进松山湖园区系列科教活动　548
东莞科技馆走进松山湖园区系列科教活动——莞美学校　547
东莞市科技进步活动月之“放飞梦想”大型公益活动　548
“东方飞羽”珍稀鸟类摄影展教育活动暨《自然与科技》杂志科普校园行　303
冬季挑战营　368
冬令营　366，425
冬令营“求知计划”活动　901
“动手动脑　放飞梦想”新年亲子科普趣味活动　646
读书会　826
“渡中秋、迎国庆，享科普、乐生活”主题系列科普活动　610
端午节——乐高陪您赛龙舟　246
“多彩‘五一’，科技馆里享乐趣”系列科普活动　610

E

鄂博·楚星少年手拉手夏令营“我们爱科学”科技体验交流活动　487
儿童跳蚤市场　137

F

“发现之旅”科普活动　957
“防灾训练营”之安全自护　无忧成长　590
“防灾训练营”之关注气候　低碳生活　590

"防灾训练营"之消防日专场活动 590
"防灾训练营"之直面地震 保护自己 590
"放飞梦想 体验科技魅力"科普活动 264，992
《放学后》杂志社学生团队活动 496
飞进东华，馆校共建航模社，今日"起航"！ 547
飞行的奥秘 183
枫树山小学团队活动 496
佛山市第六中学科艺节 537
佛山市实验学校第七届科技节 537

G

高校科学营 188，325
高校暑期社会实践活动 964
关注候鸟保护·守护绿色家园 964
关注鸟类保护，守护美好家园 973
馆外科普活动（少年宫） 210
馆校结合之青园小学科普周活动 496
光敏传感器 183
光影知识乐园 788
光影知识乐园·家庭日：我看七十二变——神奇的电影化妆 790
光影知识乐园进校园系列活动："电影中的音乐"（房山区昊天学校）活动 792
光与影的秘密 085
广东省科技馆研究会"欢乐科普行"花都站活动 521
广东省科技馆研究会欢乐科普山区行"花都站"狮岭中学 547
广东省科技馆研究会欢乐科普山区行"花都站"振兴第一小学 547
广西"快乐科普校园行" 576
广西科技馆科普活动进南丹县暨南丹县科学节开幕 570
广西科技馆科普活动进南宁市二塘小学 571
广西科技馆科普活动进南宁市民主路小学观澜溪谷校区 571
广西科技馆科普活动走进边远小学 571
广西科技馆科普活动走进红星小学 570
广西科技馆科普活动走进屯渌小学 571
广西科技馆科普活动走进位子渌小学 570
"晷运于天，时成于地"主题教育活动 189
贵州省及毕节市"变废为宝 从我做起"青少年科学调查体验活动 625
国际光年配套教育活动——光之谜案 303
国庆活动——国庆七天乐玩转科技馆 598
国庆假期科学宴，活动菜单任你点 374
国庆科普嘉年华 188

H

海鸟保护节 686
海洋科普夏令营 683
海洋里的活化石鹦鹉螺 941
寒假活动——第九届"春雨知晓"系列科普活动 597
寒假快乐亲子活动 556
汉字小英雄 246
杭州市中小学"低碳改变环境"系列科学主题活动（栽种主题） 355
航模队走进万江实验小学 547
河北白石山地学夏令营 902
红红火火闹元宵 764
"红红火火迎新春 科学宫里过大年"科普活动 264，992
"红火过新年、幸福闹元宵"活动 493
鸿业小学科技节 537
葫芦岛市第三届青少年科学影像节 275
湖南省科学技术馆第二届欢乐科学节 496
湖南师大学生社团活动 496
沪台青少年科技夏令营 310
"'话说恐龙'科普巡讲进校园"活动 161
欢聚自然馆 趣享劳动节 104
欢乐过六一，科普我最行 496
欢乐科普山区行 517，537
"欢乐科普山区行"（花都站）活动 539
"欢乐六一·缤纷童年"主题活动 141
"欢乐圣诞节，畅游科学宫"公益科普活动 269
"欢乐童年·七彩夏日"暑期活动 336
环保主题月活动 382
"环保行"进校园 545
"环保先锋队"走进湿地博物馆 964
环境日活动 868
"环球自然日"活动 595
绘出梦想汽车 839
浑南区冬令营 261

J

"机器人总动员"活动 357
机器人总动员科学营 368

积赞送门票 246
吉羊闹新春，玩转科技馆 399
吉羊闹新春，勇敢来闯关 246
纪念 2015 年世界气象日暨气象科普进校园活动 657
纪念抗日战争胜利 70 周年暨全省科协系统第七届科普趣味运动会 635
加强馆校合作，优秀科普项目庆贺怀集一中建校 100 周年 547
家庭亲子科普周 826
嘉兴市第九届青少年科技节系列活动 385
嘉兴市第九届中小学生科技夏令营 386
假日小队 122
剪出年味 839
“江河湖海”水文化游学 797
节能有道，节俭有德 531
“节约资源，倡导绿色生活”中小学生低碳环保实践活动 836
解密光路可见 184
借助光的力量 183
金平区少先队精英素质拓展夏令营 563
进校园活动 382
“京西御稻插秧”及“秋收”科普活动 805

K

开启天宫的梦想——全国青少年航天科普系列活动项目 571
开启天宫的梦想——全国青少年航天科普系列活动之航天科技体验营 571
开展“喜迎元旦”特别活动 336
看图猜成语 246
科技安全校园行 635
科技馆党支部第三小组送科普服务下乡（进校园） 547
科技馆冬令营 315
科技馆活动进校园 209，349，416，584，610，659，1059
科技馆嘉年华 234
科技馆进校园 394
科技馆里过春节 563
科技馆里过元旦，欢乐快闪迎新年活动 600
科技馆里玩“星际穿越” 315
科技馆奇妙夜 366
“科技馆奇妙之旅”国庆节活动 384
科技俱乐部 209
科技夏令营 382
科技游园会，童心展未来 374
“科技与你同行”系列科普活动 473
科教服务下基层活动走进松山湖活动第三站——实验小学 548
科教服务下基层活动走进松山湖活动第二站——南方外国语学校 548
科普猜谜 122
科普大篷车活动——海洋科普走进王埠小学 674
科普大篷车活动——科普大篷车进城阳第二实验小学 674
科普大篷车活动——青岛水族馆赴李沧区唐山路小学 674
科普大篷车进蚌埠一中 410
科普大篷车进凤二小 410
科普大篷车进凤一小 410
科普大篷车进淮上区梅桥中心学校 410
科普大篷车进仁和小学 410
科普大篷车进仁和中学 410
科普大篷车进校园活动 375，516，613，654
科普大篷车进校园——金秋科普行 521
科普大篷车走进新区小学活动 614
“科普红包大拜年”公益科普活动 667
科普嘉年华 264，992
科普嘉年华，新年喜洋洋 373
科普进校园 172，723
科普进幼儿园 706
“科普你我同行　助力生态文明”之“酷暑科学　清凉一夏”暑期主题活动 628
科普亲子游 954
科普冬令营 188
科普夏令营 188
科普小课堂 049
科普校园行 303
科普一日游 563
科普一日游自由行 563
“科普迎国庆　欢乐黄金周”国庆主题活动 629
“科普迎国庆，趣味运动会”系列活动 336
科普直通车冬令营 471
“科普知识听我说，开心快乐过六一”活动 388
“科普中国　闪动中秋”快闪活动 259
科普主题活动“2015 科普春晚” 315
科探家族玩科学进校园 366

科探冒险日志　366
科学百宝箱“有趣的重心”　644
“科学伴我行”种子工程项目　594
科学动感冬令营　360
科学嘉年华活动　902
科学空间站　425
科学列车　302
科学日　085
科学少年跑起来　366
科学双语七日营　343
科学探究营地、冬夏令营　505
科学探索·寻梦海洋之旅　683
科学调查体验活动　385
科学动感夏令营　360
科学玩家夏令营　369
科学夏令营（2）火箭发射　085
科学夏令营（3）穿越北极　085
科学夏令营（4）恐龙时代　085
科学训练营　343
“科学在路上”系列活动　425
科学自然的旅行　085
“科学总动员，国庆乐翻天”“十一”主题活动　643
恐龙进校园：自贡市汇东实验学校科普活动　163
恐龙王国生日会主题活动　112
“酷科一族”科学冬令营　418
“酷科一族”科学冬夏令营　416
快乐科技亲子活动　544
快乐暑期系列活动之“大眼睛科学营”欢乐开营　290
“快乐成长·精彩无限”六一主题活动　657
“快乐成长·精彩无限”主题系列活动　1058
“快乐劳动　茁壮成长”五一主题科普活动　627
“快马加鞭，羊帆起航”春节系列活动之三羊开泰吉祥年　589
“快马加鞭，羊帆起航”春节系列活动之喜气羊羊中国年　590
“快马加鞭，羊帆起航”春节系列活动之羊羊得意欢乐年　590

L

垃圾堆里有宝藏　246
“垃圾分类我先行”宣传活动　356
乐高迎新创意科技嘉年华活动　352
“乐享科普”暑期活动　1059
“乐享科普游”活动　667
“乐享周末”大型公益主题航模科普活动　555
“乐享周末”活动　545
“乐学酷玩之科学生态行”夏令营活动　628
力让生活更方便　246
联合国十年行动计划——暑期安全体验营　846
“了解地震，远离伤害”主题科普活动　388
“领略科学魅力　共享美好假期”系列科普活动　264，993
流动的博物馆——走进西白岱小学　911
六景考古春令营　140
“六一”儿童节　085
“六一”儿童节·科普庆六一活动　804
“六一”儿童节活动——全家总动员　欢乐满童年趣味科学家庭运动会　598
“六一”儿童节科普团队活动　496
“六一”嘉年华　173
“六一”科普教育活动　919
“六一”快乐科普游活动　416
“六一”乐享科普游活动　668
“六一”特别活动　303
绿色国际科普营（法国卡马格）　860
绿色教育三进（杭州蓝　中国红）　860
绿色燎原法国卡玛格湿地科普营　863
“绿色物理·活力青运”趣味科技运动会　416
“绿色浙江·低碳生活”2015 新年书画笔会　355
“绿箱子”校外环保课堂——地壳探秘　303
“绿箱子”校外环保课堂——极地动物的生存　303
“绿箱子”校外环保课堂——探访热带雨林　303

M

“妈妈去哪儿了”母亲节亲子活动　384
“蚂蚁兵团”科技馆一日游活动　1023
“蚂蚁总动员”科普夏令营　496
漫博会东莞科技馆分会场　546
美人鱼形象大使招募活动　682
“梦想 in 科学”品牌活动　594
梦想 in 科学　2015 研学旅行——“虫虫特攻队”暑期科考活动　587
“梦想飞扬　童真荡漾”六一主题活动　627
免试不免学活动　797

N

南极童话村　686
南京 C.E 动漫暑期狂欢节　330

南京科技馆夏令营　325
泥石流历险记　941
你来比划我来猜　246
宁波市青少年科学嘉年华　366
农博科普体验营活动　764
浓情端午，品味科学　399
“浓情元宵、科普相伴”猜灯谜做汤圆活动　338
暖心嘉年华·人鱼诞生记圣诞夜庆典　682
诺贝尔奖有奖问答　182

P

拍 3D 艺术照，印汽博明信片　839
培智学校水族馆一日游　697
品味端午，传承文化　104
“平安在路上·欢乐在汽博”寒假体验营　835
评选你心目中的镇馆之宝　944

Q

七彩暑假　欢乐科技行　643
启动“走出去，请进来”系列科普活动　070
汽车创意设计夏令营　836
汽车故事汇　839
汽车主题厨房　839
“汽车博物馆之夜”文化活动　840
“汽车文明伴我成长”暑期体验营　836
亲子活动　122
亲子科技夏令营　255
亲子实验室　528
“青春激情·万众创新 2015 年佛山青少年‘六一’创客嘉年华”活动　520
青岛水族馆在青岛重庆路第三小学科技节活动　674
青少年“峰会”专题活动　359
青少年“科普动车”活动　570
青少年“快乐一夏”科技夏令营　621
青少年高校科学营　584
青少年高校科学营黑龙江分营　290
青少年高校科学营活动　273
青少年高校科学营宁夏分营活动　648
青少年教育活动体验活动项目库　155
青少年科技教育节　273
青少年科学节　635
青少年科学调查体验活动　576，620
青少年科学调查体验活动启动暨科普大篷车进校园活动　252
青少年科学调查体验全国首发活动　258
青少年科学影像节　273
青少年社会实践活动　250
青少年天文科普之旅　450
青少年走进科技馆　620
“庆六一”亲子同游科技馆暨 3D、4D 科普影院首映式　452
“庆元旦·欢乐一家亲”大型家庭亲子互动式主题活动　473
全国第二十个中小学生安全教育日主题活动　775
全国高校科学营活动　621
全国科普日“万众创新　拥抱智慧生活”第二届欢乐科学节　500
全国科普日“新疆科普之夜”主题活动　1059
全国科普日进校园活动　613
全国青少年高校科学营活动　628
全国青少年航天科普系列活动之“月宫探索”中秋节公益观测活动　571
全国优秀青少年团员特训营　775

R

人体器官角色扮演活动　182
人造太阳——人类未来生存之本　390

S

赛复流动科技馆——第十一届闵行区青少年科技节系列活动　304
赛复流动科技馆——六一儿童节活动　304
赛复流动科技馆——落户甘肃环县习仲勋红军小学活动　304
三维滚环　183
“鲨鱼归来·炫动海洋”2015 年度活动　681
“汕头科普一日游”启动仪式　563
“少儿邮局”于新年亮相青海省科技馆　627
深圳青少年环保节　531
神秘的布鲁托——冥王星最新成果分享沙龙　941
神奇的街道　184
神奇的造纸术　246
生活科学坊食品的小秘密　590
生命游戏　885
声音的故事　184
“湿地——我们的未来”南海湿地冰雪游园活动　875
湿地博物馆闪烁“环保新星”　964

湿地博物馆迎来“小媒体人” 964
湿地绿色长征 872
实验乐翻天 048
《市场星报》小记者科普基地活动 401
世界博物馆日 085
世界湿地日冰雪游园活动 874
世界水日“节约用水，由我发起”主题活动 643
市教委“利用社会资源丰富中小学校外实践”活动 712，983
手电池 242
手眼协调 242
首博传统文化活动 826
暑假活动——第九届“火热求知”系列科普活动 598
“暑假去哪儿”南京科技馆夏令营 329
暑期安全营 836
暑期公益科普活动 733
暑期广场科普夜市活动 412
暑期趣味运动会 346
暑期探究体验营 316
暑期特别科普活动 954
暑期系列活动 930
暑期园林艺术夏令营 805
数字的故事 184
数字魔方 246
水火箭嘉年华科学营 368
“水母与海蜇的区别”话题讨论有奖转发 697
“水润一夏”夏令营 800
“水中万象”青少年水科普活动 797
四川科技馆新春科普系列活动 600

T

太空种子种植活动 454
太阳能源的利用 183
太阳射电观测 735
太阳系宝藏 941
探秘百草园 872
“探秘科技　欢乐一夏”系列科普活动 610
“探秘科学·亲子联欢”元旦主题活动 643
探索第四纪哺乳动物奇妙之旅 085
“探索科学　追寻梦想”活动 264，992
“探索纸的奥秘”亲子主题科普活动 388
“探索自然奥秘”大型科普教育活动 937
探寻生物足迹 182
碳循环 122
“体验科学　牵手共享”——2015年山东省青少年科普行活动 444
“体验神奇　探索奥秘”主题科普系列活动 610
“天文馆探秘”社区体验活动 987
天文活动进校园 209，210
天文科技夏令营 209
“挑战你的智慧”“六一”活动 384
“挑战自然　科学同行”青少年户外生存技能训练营 628
“童梦圆”青少年发展论坛青海分论坛 636
“童年不同样”亲子庆“六一”活动 329
“童趣大集市　快乐进行时”科普活动 264，992
童眼看湿地 885

W

“玩转大自然”科普夏令营活动 065
“玩转科技馆”“五一”科普活动 657
“玩转科学”庆“五一”主题活动 1059
“玩转牛顿”系列科学教育活动 388
玩转天文，为爱圆梦——第一期天文科技夏令营 745
万圣节主题活动 269
网聚少年暑期网络夏令营 343
“微路客”征图活动 941
“为孩子鼓掌”科普进校园系列活动 242
“温暖圣诞　梦幻新年”科技馆奇妙夜活动 629
我的足印 183
“我和科学有个约会”五一活动 384
我是赛车手 836
“我是小记者”主题活动 922
我是文明小市民 246
我运动、我健康、我快乐 246
“我做动物园讲解员”活动 070
“舞动花‘羊’年华　新春喜气洋洋”春节主题活动 627
五一活动 597
五一科学也好玩活动 496
五一快乐亲子3D“神笔马良”创作活动 546
五一亲子趣味科学体验活动 647
“‘五一’小长假，玩转科技馆”科普活动 1058

X

喜气洋洋闯年关 545
“喜气羊羊”春节大型科技游园活动 418
喜气洋洋大冲关 182
喜气洋洋龙抬头 246

系列科普活动“神奇的莫比乌斯带”“从小爱飞行”“神秘水世界”“物理可以这样玩” 315
夏令营 366，425
夏日科技绿茵之科学也疯狂 316
厦门科技馆第一届夏令营展 426
厦门市关公委“六一”活动 425
“相聚梦立方 欢乐科学日”庆六一活动 256
“相约科技馆 探索大自然”圣诞节嘉年华活动 446
消防安全夏令营 775
小动物及动物保护少儿宣讲活动 069
小鬼当家成长营 329
小行星观测 735
小记者水文化培训体验活动 797
小记者团影院知识探索 1001
“小记者夏令营”活动 622
小球大世界 183
“小小‘馆理员’”活动 944
小小辅导员培训暨大手拉小手活动 471
“小小化学家”活动 595
小小讲解员 076
“小小科普志愿者”活动 419
“小小农艺师”农博科普系列活动 769
小小微路客——我与展品拍合影 944
“小小研究员”科普活动 070
小学生寒假科普活动 686
小羊排排坐，科普闹新 245
小植物大科学 084
校园行 690
校园科技节系列活动 316
“心怀梦想 智创未来”创客体验季系列科普活动 259
“心系感恩，情牵校园”主题感恩节科普活动 220
心有灵犀在“十一” 104
“新春乐缤纷 欢乐无极限”春节活动 336
新年活动——跨界手拉手 快闪迎新年 597
新年希望来吧——走进南京科技馆 324
“新奇体验 红包拜年”春节主题活动 643
新商报小记者素质训练营 686
新型能源 183
星际旅行 A 941
星际旅行 B 941
星际旅行 C 941
“星际迷航——世界树守护者”微信科普游戏 419
“星星是我的好朋友”主题活动 718
“行之学堂”行至湿地博物馆系列活动 963
“学习雷锋、奉献社会、传播科普”主题科普活动 657
寻宝大作战 944
寻宝记 930
“寻找汽车人”之交通安全直通车 590
“寻找汽车人”之交通标识大考验 590
“寻找汽车人”之全国交通安全日专场活动 590

Y

扬子晚报小记者团体验南京科技馆 324
“羊年闹新春”主题系列活动 646
羊年趣味问答 182
羊年生肖展教育活动 303
羊羊得意生肖展小记者探营活动 303
阳春三月花满园 春分时节蛋儿俏 571
阳光天使小记者夏令营 783
“仰望星空 快乐成长”科普冬令营 716
“仰望星空 快乐成长”天文冬令营 209
“仰望星空 快乐成长”天文科普、科学探索夏令营系列活动 718
夜宿麋鹿苑 060
咿呀学玩 122
“一带一路异国香”科普活动 348
意念沉浮主题活动 588
意念在机器人世界中的神奇力量 390
英仙漫舞畅游草原——2015 第二期天文科技夏令营 745
迎新春科普大联欢 315
“游赏科普园林 共享奥妙启迪”全国科普周活动 805
“游学记”活动 370
“有趣的力”科普活动 388
宇宙宝贝成长记——八大行星 184
元旦亲子科技训练营 324
月球漫步 183
运动系列——探寻海洋生物 084

Z

砸彩蛋，庆元旦 245
“展科技魅力 过精彩假期”主题活动 264，993
“争做科学小玩家”科技游园活动 383
“拯救绿色地球从我做起”主题体验活动 909
“植物寻宝”低碳游园活动 355
“纸间数学”展示体验活动 588
“智能大比拼 快乐大玩家”春节特色活动 646
智勇大冲关，宝贝来挑战 246

“中国梦·科技梦”新北江小学第一届科技文化节闭幕仪式暨庆“六一”活动 520
中科院求真科学营活动 401
中秋节亲子特别分享会——赏月也科学 941
中小学生天文教育课程体验活动 717
中小学生天文节 214
中学生志愿服务 836
“种子达人”活动 764
自贡恐龙复活节 160，169
自贡恐龙100年系列活动——“话说恐龙”科普巡讲进校园第一站 155
自贡恐龙100年系列活动——“话说恐龙”科普巡讲进校园第二站 155
“自贡恐龙发现100年”系列宣传活动 169
自贡恐龙发现100年系列活动——“恐龙世界几多谜”主题班会 156
自贡恐龙发现100年系列活动：恐龙进校园——自贡市汇东实验学校恐龙吉祥物名字和故事征集活动 156
“自贡恐龙吉祥物名字和故事征集”活动 167
“自然博物馆发现之旅”大型科普教育活动 937
自然故事亲子坊 122
“‘粽’爱端午 科技龙舟”主题科普活动 264，992
“粽情端午，体验非凡”主题教育活动 189
走进博物馆，快乐过“六一” 104
走进东华初级中学科技节 546
走进东华高级中学 546
走进化工 833
走进科技 放飞梦想——2015年广州市中小学生科技夏令营科普活动 520
走进科技馆，体验科技魅力、快乐一“夏”小学生夏令营 622
“走进科学 精彩无限”科普活动 264，992
走进樟木头八中 546
走近恐龙世界 941
走入恐龙世界 084
最强大脑来了 425

实践与动手

24节气民俗体验 860
360°球幕模拟飞行体验项目 166
3D打印创意活动——创作埃菲尔铁塔 186
3D打印创意活动——创作立体椅子 187
3D打印创意活动——从平面到立体 186
3D打印创意活动——认识3D打印笔 186
3D打印工作室 226
3D打印活动 188
3D打印机 188
3D打印——日晷 187
3D打印演示 183
CSI犯罪现场调查 185
DIY泥塑 122
DIY——十二生肖、十二星座手工天文活动 571
DNA 184
Light on亲子科学时间之不能承受的轻@非牛顿流体 588
Light on亲子科学时间之大大泡泡bang 588
Light on亲子科学时间之相似相溶 588
Vc魔法水 247

A

爱鸟周 鸟类——我们的朋友少儿绘画活动 874
安捷伦科学节 188

B

巴斯夫小小化学家 188，588
“伯努利原理”深度看展品 464
不安分的重心 247
不倒翁 438
“不倒翁”深度看展品 464
布古布今 315

C

彩色的世界 469
参与好奇魔学堂拍摄 546
测量测试技术——游标卡尺 182
测试反应速度 185
长沙市小小“馆”理员地质博物馆暑期实践活动 942
常见水果中维生素C含量的比较 187
超导磁悬浮列车演示 183
超导演示 183
超级仿生秀 188
超级仿生秀——蝙蝠与雷达 187
超级仿生秀——奇葩的蜂巢结构 187
超越巅峰 247
重阳节“香文化体验” 806

穿透我的镜片的你的眼睛 187
传统工艺魔法扎染 437
传统技艺体验 826
传统技艺体验一日嘉年华 826
传统文化体验 826
船舶 185
创客工坊：3D 打印体验 182
创客工坊：激光内雕 182
创客工坊：一起来画立体画 182
创客体验活动 394
创意工作室 226
创意机器人 826
创意手工制作 926
创意纸电路 187
吹不起来的气球 523
“春光里，梦翱翔”主题风筝制作活动 173
磁悬浮 468

D

搭建城堡 185
搭建环保小汽车 255
搭建天平 185
搭建小车 185
打不碎的鸡蛋 246
“大花楼织机”演示 189
大话西游 469
大型人与恐龙互动体验创新科普——恐龙的时光穿越活动 932
带你去看红月亮 643
导览机器人 226
灯塔 184
地球的零件 187
地震体验车 776
地震消防应急实地演练 668
地震小屋 226
碘钟变色实验 246
掉不下来的水 523
丁笛演奏与互动体验 818
定向越野 324
冬至“冬至香会雅集” 806
动手动脑 DIY 632
“动手动脑 快乐体验”主题科学实验课活动 220
“动手识标本”互动实践活动 958
“动手做”活动，光影之旅——我们一起造相机 644
“对话航天英雄 播撒科学希望”南京市中小学生太空种苗种植科普实践系列活动 325

E

儿童职业体验活动——小小消防员 324
二十四节气活动之白露·舒心欢饮 863
二十四节气活动之处暑·西溪品月 863
二十四节气活动之春分·湿地踏青 863
二十四节气活动之大暑·环保创艺 863
二十四节气活动之大雪·西溪蹭枣 864
二十四节气活动之冬至·古意团圆 864
二十四节气活动之谷雨·纸意感恩 863
二十四节气活动之寒露·湿地干塘 864
二十四节气活动之惊蛰·本土佩香 863
二十四节气活动之立春·西溪咬春 863
二十四节气活动之立冬·古法补冬 864
二十四节气活动之立秋·本地酝酿 863
二十四节气活动之立夏·湿地野炊 863
二十四节气活动之芒种·湿地插秧 863
二十四节气活动之清明·西溪茶俗 863
二十四节气活动之秋分·湿地寻叶 863
二十四节气活动之霜降·西溪柿意 864
二十四节气活动之夏至·本土尝新 863
二十四节气活动之小暑·贴头伏贴 863
二十四节气活动之小雪·土法祛寒 864
二十四节气活动之雨水·蒋村腾龙 863
二十四节气活动之小满·西溪粽情 863

F

“飞行的秘密”主题活动 315
飞行器的奥秘 185
飞去来器 246
废纸再生 182
“浮沉子 DIY”实验 669

G

高压放电 184
隔水取物 523
个性徽章 122
“各式各样的石头”深度看展品 464
给太阳女神找“痘痘”——太阳黑子观测活动 644
谷粒谷粒叠叠乐 122
“古法抄纸”表演 189
观测月全食活动 717

“关注微信号　快乐做手工”活动　643
馆校结合活动　189
光路十八弯　318
光影知识乐园·进校园系列活动：说说说——我是小小电影配音员　791
光影知识乐园·课程实践系列活动：和濮存昕学习电影配音活动　791
广东省翱翔科技模型表演队（以下简称表演队）活动　522
国际观月夜　209

H

海水的奥秘　183
航模飞行体验活动　555
和爷爷奶奶一起酿瓶葡萄酒　666
“虹吸”深度看展品　464
“候风地动仪”演示　189
候鸟明信片义卖活动　885
“候鸟与湿地”百米手绘活动　885
户外亲子科普夏令营“一起去看流星雨——英仙座流星雨野外观测夏令营”　941
“化石大家陶”博物馆日主题活动　120
化石探秘　930
化石挖掘　303
化石小精灵——探秘古昆虫　902
化学小课堂　657
画像机器人　226
欢乐 DIY·赏月闹元宵科普公益活动　571
欢乐水世界　183
环保酵素制作活动　865
“环保新动力·未来工程师”科普实验室活动　839
幻影迷踪　469
绘制环保袋　926

J

机器人体验　826
记忆合金　528
剪纸艺术培训班　1059
解开光合作用之谜　187
紧急迫降　182
京西御稻插秧　805
静电　468
静电小推车　184
“镜中赏月，共度中秋”天文观测活动　233

K

科技创新未来，创新生活你我他——天津青少年科技创客养成互动体验活动　213
科技与沙画　442
科技周创意拼贴活动　874
科乐思创艺搭建　246
“科乐思”益智拼装　246
科迷工作坊　302
科普大篷车配套科普教育活动　281
科普探索营　679
科普眼　343
科学伴我行　587
科学棒棒堂　382
科学好声音　469
科学实验　217
“科学实验进校园”活动　219
科学体验营　1059
科学调查体验活动　273
空气的力量　246
空气炮　438
快乐星期三　316
“快乐端午，手工纸粽子 DIY”主题活动　416

L

蜡烛熄灭了　247
老虎滩极地奇妙夜　686
老区科普行　189
乐高体验　826
两栖动物——解剖牛蛙　084
“了解地质知识　学习逃生技巧　提升安全意识”体验活动　909
流光溢彩　418
流星雨观测夜　234
龙形我绘　930
龙舟赛　437
路边观测活动　750
路边天文观测活动　220
“路边天文夜”活动　394，741，1012
绿色大联盟　187

M

蚂蚁王国　246
猫头鹰的食丸　186

“美丽湿地，我的家园”湿地生态环境调查主题实践活动　890
魅影　469
密码零距离　188
“妙手千年——传统手工造纸”文化遗产日活动　120
模拟灭火帐篷　776
“莫比乌斯带”深度看展品　464
墨迹分离　185
拇指钢琴　186
木板年画拓印体验　804
“木板水印”表演　189
木星观测　728

N

牛顿火箭车　186
“诺奖之路”系列活动之“药用成分的提取”　187

P

泡泡龙　590
陪你去看英仙座流星雨　644
偏振光 DIY　184
漂浮的曲别针　247
“平安在路上·欢乐在汽博”寒假体验营　839
平面镜　468
瓶子吹气球　247

Q

“奇妙现象长知识，动手制作爱科学”主题活动　643
奇妙化工之旅　833
起重机　184
气球巧吸杯　246
气象站的制作　182
巧妙的欧不裂　185
“亲近自然·爱护鸟类”现场签名活动　338
亲手做一支康乃馨送妈妈　246
亲子观星，欢度六一　733
亲子实验　526
“青色手工，绘制地图”立体地图制作活动　339
青少年科学调查体验活动　252
秋季星空　743
趣味科学 DIY 小课堂　343
趣味气象站　184
趣味实验　255
趣味实验大讲堂　632
趣味小实验　379

R

认识我们的细胞　184
认知植物　182
日晷　185

S

三八妇女节主题西点制作　348
沙滩喂鸥　687
烧不着的手帕　246
烧不着的纸杯　246
少年创客公开课　188
少年乐高的奇幻之旅　1059
舌尖上的味觉　185
设计桥梁　185
神秘的 4D 电影　247
神奇的低温世界　528
神奇的激光　183
神奇的摩擦力　660，1060
神奇的声音　187
神奇的牙签　528
神气活现　469
生活中的重力　247
生命科学俱乐部微观世界　188
生态瓶 DIY　865
圣诞节　806
识艾草·佩香囊　805
食验达人　320
世界最大鸟蛋——象鸟蛋科普展览之蛋壳彩绘　804
视觉　468
手工皂　186
“双子座流星雨”天文观测活动　394，740，1012
谁是动画小达人　246
水力魔坊　186
水去哪儿了？　523
四驱车现场拼装　843
塑料袋真的能巧用吗？　247

T

“拓片”表演　189
苔藓微景观制作　865
太空种子种植　621

太阳能电池解密　188
太阳能汽车　185
探古寻今·古陶文化体验之旅　804
探秘动画片　186
探索海洋　183
探索太空　183
探寻水溶解的秘密　187
探知光伏发电小车　183
天气瓶　246
天琴唱响　心中梦想——天琴座流星雨少儿绘画活动　745
天文观测活动　217，264，394，723，993，1012
天文活动　210
投石机　185
徒步宣传　926
“土星冲日”观测活动　397

W

挖地三尺　930
万花筒制作　255
微观世界——洋葱细胞　185
“未来工程师”科普实验室　836
“未来赛车手”Mini-z 操控体验　836
“我的绿色儿童节”幕后体验活动　691
我的食物营养素　184
“我是小小设计家”活动　657，1059
我是小小消防员　778
“我为小鸟安个家”做鸟巢亲子活动　338
我们身边的大气压　242
污水变清　186
无形的力　186
“五一”快乐亲子 3D“神笔马良”创作活动　556

X

吸管拼插搭建　438
“喜迎元旦”DIY 亲子贺年卡活动　338
细胞工厂　186
献给妈妈的礼物　173
消防知识演练　246
小海米一起探索 DNA 的奥秘　674
小蜜蜂儿童市集　369
小木工　184
小牛顿科普实验系列　441
“小土豆、大奥秘”——亲子体验活动　764
“小小建筑师”培训班　1059
“小小农艺师”识节气　品中秋　做月饼　765
“小小水族师”幕后体验活动　691
小小工程师　188
小小化石修复师　901
小小讲解员　930
小小讲解员暑期实践活动　252
小小农艺师“土地里的小人参”　765
小小农艺师“小土豆　大奥秘”　764
新能源汽车试乘试驾　836
“学科学、爱科学”庆祝六一儿童节黑龙江省少年儿童百米长卷现场绘画活动　290

Y

烟雾疏散逃生屋　776
眼见一定为实吗　242
邀你来看红月亮——月全食观测　644
野外活动　122
叶脉书签　187
液氮实验　183
“一鸟一世界”爱鸟周主题活动　120
“一瓶一世界”浙江生态日　120
“一日开店”体验课程　348
隐形大气压　528
隐形墨水　185
影响摩擦力大小的两个因素　246
“应急逃生”体验活动　329
有趣的水　468
有趣的重心　469
幼儿自制手工袋　246
园林故事儿童演剧　804
园林雅集——品茗·赏曲·闻香·过新年　804
“月全食”天文观测活动　267

Z

扎染　438
真人 CS 镭战　324
真人密室逃脱“黑暗城堡——光之密语”大型体验活动　638
甄选食材文化传承 + 品鉴体验活动　769
植物立体画及花镜设计　804
纸电路　188
纸质飞行器制作　352
指尖上的假期——非遗民俗展示体验　804

指纹 186
制作风扇 185
制作莫比乌斯带 184
制作万花筒 187
蛭石膨胀互动实践活动 959
智能机器人 528
“中秋节共赏月”观月活动 644
中秋赏月活动 747
中小学生社会实践活动 168
紫包菜 468
自然放大镜 303
自制过滤器 246
自制洗衣液 468
“走进农博”免费观影和“种子达人”活动 769
最炫民族风 826

知识竞赛

1/27 MINI 车竞速赛 836
Mini 四驱车竞速 843
RoboCup 青少年世界杯中国公开赛 555
SOLVE FOR TOMORROW 探知未来 2015 年全国青年科普创新实验暨作品大赛 291，512

A

“爱海洋、爱环保”儿童书画大赛暨海洋小精灵招募启动仪式 681
“爱鸟护鸟·和谐生境”绘画比赛 338

B

巴彦淖尔市临河地区少儿科普剧比赛 249
宝安区中小学生机器人大赛 1023
北京科普讲解大赛 844
北京市中小学生自然科学知识竞赛 046，049，765
奔跑吧，宝贝 226
蚌埠市“皖新教育杯”青少年科技发明大赛 412
蚌埠市第三十届青少年科技创新大赛 412
蚌埠市青少年创新科学手工技艺竞赛 412
蚌埠市青少年机器人大赛 412
毕节市青少年科技创新大赛 621
“变废为宝”创意设计大赛 948

C

参观科技馆展览有奖征文 1047
重返侏罗纪——2015 年安徽省小恐龙迷电视大赛 930
重返侏罗纪——恐龙迷电视科普大赛暨寻找“红领巾”小讲解员 932
创意车壳绘制 836
创意汽车模型制作 836

D

“大手拉小手——科学体验”夏令营示范活动暨雁塔区青少年科技模型比赛 173
大中小学擂台赛 210
低碳兴业杯城际挑战赛 352
电影“奇妙的朋友之萌爱 2016”“女主角全国爱心接力网络海选”北京赛区复选 682
东莞市科普剧大赛 553
东莞市中小学生天文知识竞赛 750
动物拼图比赛 137
读“科学家故事、感悟科学魅力”读书演讲比赛 210

F

“放飞梦想，启迪未来”航模比赛 420
福建省青少年科学素养网络竞赛 416
福州市青少年科学素养竞赛 416

G

高校观鸟赛 870
“跟着童画游湿地”主题绘画摄影比赛 871
观鸟赛 868
“广东省少年儿童发明奖”评选活动 506
广东创意机器人大赛 514
广东省大学生科学影像大赛 505
广东省第五届广东省创意机器人大赛 565
广东省航海模型年度分站赛 511
广东省科普作品创作大赛颁奖暨第八届广东省科普作品创作大赛 518
广西青少年机器人竞赛 577
广西青少年科技创新大赛 575
广州科普讲解大赛暨 2015 年全国科普讲解大赛选拔赛 510
广州市青少年海模精英赛 505
广州市青少年航海模型锦标赛暨首届广州户外运动节青少年海模精英赛 513
贵州省青少年科技创新大赛 620
“国采·光立方”杯书画大赛 479

国际科学与和平周全国中小学生金钥匙科技竞赛（南京地区）团体赛　330
国际天文奥林匹克竞赛　719
国际天文与天体物理奥林匹克竞赛（IOAA）　718
国土资源科普讲解大赛　157

H

海鸟折纸 PK　687
海洋创客作品征集评选　676
“海洋小精灵”才艺选拔赛　681
行业技能大赛　880
航模拼装大赛　490
合肥市青少年科技创新大赛　397
贺州市青少年科普剧大赛　576
黑龙江省科普讲解大赛　294
横冲直撞科技馆　366
湖南省科技馆乐高机器人大赛　495
湖州市科技馆 2015 年科普大篷车进校园征文比赛　376
湖州市青少年科技创新大赛　375
环保科普知识竞赛　254
环湖赛青少年征文书画大赛　634
环球自然日活动重庆分站决选　588
环球自然日挑战赛　049
环球自然日科普竞赛活动　121
环球自然日——青少年自然科学知识挑战活动　149
“环球自然日”活动科普竞赛　145
“环球自然日”陕西地区选拔赛　173
幻方比拼　226
绘画中国古星图比赛　718

J

机器人大赛　599
“机器人大赛”四川决赛　1032
机器人电脑比赛　382
机器人体验大赛　220
“记忆与传承——发现水文化”书法绘画大赛　800
纪念“7·11”世界人口日暨人口和计划生育知识竞赛　814
家庭科普接力赛　668
嘉兴市 2015 年青少年信息学（小学组、初中组）竞赛　385
嘉兴市第 30 届青少年科技创新大赛　385
嘉兴市第 8 届头脑奥林匹克万人大挑战模型比赛　385
嘉兴市青少年创新大赛　384
嘉兴市青少年电脑机器人春 / 秋季比赛　385
江苏省第五届少儿现场书画大赛　330
江苏省首届家庭机器人大赛　326
讲解员技能挑战赛　254
“讲故事”竞赛活动　065
“金色的秋天”系列活动　226
金龙奖 cosplay 大赛　330
金钥匙科技竞赛　326

K

科幻画大赛、“盒瓶时代”、乐高创意赛颁奖典礼　355
“科技杯”六一亲子建构大赛　546
科技创新大赛　209
科技大辩论　274
科技馆首届“科技之美”摄影比赛　252
科技活动周“2015 湖南省科普讲解大赛”　941
科普摄影比赛　254
“科学宫杯”教学机器人竞赛　264，992
“科学宫杯”青少年魔方竞赛　267

L

乐高搭建大赛　343
辽宁省青少年机器人竞赛　275
辽宁省青少年科技创新大赛　258
“辽宁太阳能杯”大学生辩论赛　075
临沂全民少儿机器人科技节暨寻找“未来科技之星”机器人比赛　453
临沂市青少年科技创新大赛　454
临沂市青少年科技模型竞赛　454

N

南京高校天文联合会第十二届天文知识竞赛　316
南京市第二十一届中小学师生科技创新大赛　326
南京市科普讲解大赛　316
南京市首届青少年科技创意竞赛评选活动　324
你答我呀科学达人挑战赛　366
宁夏青少年科技创新大赛暨第 15 届中国青少年机器人竞赛（宁夏赛区）　646
农博讲解员室外展园演讲比赛　769

Q

“七巧科技”竞赛　454

祁连县第三届青少年科技创新大赛　636
汽车创意绘画　836
巧手变宝作品创意大赛　385
亲子实验大赛　464
青海省科技馆科技辅导员大赛　632
青海省青少年机器人竞赛　632
青海省青少年科技创新大赛　632
青少年海洋科普知识竞赛　690
青少年机器人竞赛　275
青少年科技创新大赛　273，324
青少年科普剧竞赛　583
青少年科学表演（科普剧）大赛　275
青少年科学表演大赛　273
青少年信息学奥林匹克竞赛　454
“青少年走进科技馆·体验科学魅力”征文评选　623
趣知圈　微信问答　274
全国国土资源科普讲解大赛　905
全国国土资源科普讲解大赛总决赛　168
全国海洋知识竞赛　684
全国科技馆辅导员大赛　303
全国科技馆辅导员大赛决赛　198
全国科普讲解大赛　163
全国青年科普创新实验暨作品大赛　197
全国青年科普创新实验暨作品大赛广州复赛　505
全国青少年电子信息与智能控制大赛　842
全国青少年科技创新大赛（武汉市选拔赛）　486
全国青少年信息学奥赛　621
全国天文奥赛预赛　209
全国信息学奥赛嘉兴赛区初赛　385
全国中学生天文奥林匹克竞赛　717
全国中学生天文奥赛河北区预赛　222
全国中学生天文奥赛河北赛区比赛　724
全家总动员　226
全区乡村学校少年宫素质技能竞赛　580
全区中小学第二届科普剧竞赛　649
全市青少年创新大赛　382
全市中小学信息学竞赛　382

S

赛复流动科技馆——青少年国际创意大赛　304
山东省第二届快乐汉字拼写大赛　442
山东省机器人大赛中小学组比赛　445
山东省科技馆科学文化创意产品设计大赛　447
山西省科技馆首届辅导员讲解比赛　230
汕头市科普剧创作征文比赛　565
汕头市青少年科技创新大赛　563
汕头市中小学智能机器人竞赛　563
上海科普微电影大赛　313
上海市“星光计划”第六届职业院校技能大赛　310
少年儿童电影才艺展示活动暨第六届少年儿童电影配音大赛　791
少年儿童电影配音大赛　788
沈阳市第八届青少年机器人竞赛　264，992
沈阳市青少年科技创新大赛　264，275，992
沈阳市青少年智力七巧板团体竞赛　269
生态观鸟赛　872
生物学竞赛　620
湿地主题少儿绘画大赛　860，890
市青少年科技创新成果交流会　412
手拉手——探索科学梦暨青少年科学知识挑战赛　137
暑期“最强专注力”浙江省首届意念赛车大赛　343
四川省纪念第 46 个世界地球日暨第八届大学生演讲比赛　1057
四川省青少年科技创新大赛　601
四川省首届科技馆辅导员大赛　600
素质拓展计时挑战赛“无限挑战”　369

T

“探知未来 2015 年全国青年科普创新实验暨作品大赛”复赛　603
探知未来科普创新实验大赛　313
天津市中小学生天文节绘画比赛　210
“挑战杯”全国大学生课外学术科技作品竞赛决赛　513
“童心向党”歌咏展演暨第五届“乌海之声”才艺大赛　242
头脑奥林匹克竞赛　382

W

皖台科技论坛——两岸青少年仿生机器人大赛　413
“万方杯”山东省科技馆机器人校级联赛　444
“为孩子鼓掌”科普制作大赛　242
“未来机械师”现场教学有奖竞答　836
“未来之城”全省决赛　599，1032
文化中心 2015 年科技辅导员、讲解员技能比赛　339
“我的科技梦”少儿绘画大赛　1060

“我的科技梦”有奖征文大赛 1060
“我眼中的美丽乡村”摄影比赛 764
“我与自贡恐龙”主题征文比赛 167
“沃溪杯”CMGS首届化石修复大赛 931
乌拉特中旗科技馆首届“小小讲解员”选拔大赛 251

X

西湖蓝·小红车·低碳环保行绘画大赛 352
厦门科技馆志愿者风采大赛 425
厦门市科普知识有奖竞答 432
厦门市青少年科学工作室建筑达人创意搭建竞赛 432
厦门市青少年趣味科学竞赛 432
小小讲解员大赛 556
“小小科技讲解员”大赛 1058
小院士评选 599，1032
“小纸圈飞起来”趣味比赛 646
新疆青少年儿童科技大赛 1060
新疆青少年科学表演大赛 664，1060
新疆首届“小小科技讲解员”选拔大赛 657
新疆首届青少年儿童科技大赛 657，1058
新疆首届意念赛车大赛 662
寻找科学达人——湖北赛区选拔赛 483

Y

意念赛车大赛 1058
迎“六一”科普竞赛活动 248
越野车障碍赛 836

Z

在宁大学生暨中学生天文知识竞赛 320
张家港市第三届“十佳小小讲解员”比赛 339
浙江省“运动吧，大脑”科普知识竞赛 343
浙江省高中教师实验技能大赛 343
浙江省科普征文大赛 385
浙江省中小学生机器人搭建比赛 348
浙江自然博物馆第一届文创产品设计大赛 132
郑州科技馆第六届讲解比赛 469
郑州市首届亲子实验竞赛活动 468
中国城际家庭机器人挑战赛 588
中国创新创业大赛港澳台赛暨第二届两岸四地大学生创新创业大赛总决赛 513
中国大学生方程式汽车大赛（FSC） 843
中国科技馆创客运动会 201
中国科学院首届科普微视频创意大赛 405
中国青少年机器人（宁夏赛区）竞赛教练员培训班 651
中国青少年汽车模型科技创意大赛 836
中国青少年汽车模型科技创意大赛——北京地区选拔赛 841
中国（小谷围）“互联网+”运输服务创客大赛 512
中国园林摄影展参赛作品评选会 819
中小学生天文节 天文知识竞赛 210
主题征文比赛 254
自贡恐龙发现100年系列活动——“我与自贡恐龙”中小学征文比赛 157
自命题科普讲解大赛 406

社会人文与科普演出

3D打印演示 563
3D巨幕特效影片 1028
3D数字影院、IMAX球幕专场 544
3D数字影院动画 1025
3D数字影院会员专享活动 545，1026
3D特技遥控飞机表演 555
3D小电影 517
3D影片 1019
4D动感特效影片 1028
4D科普影片展映月 930
4D影片 1012
5D动感电影 1040
CCTV中学生频道非凡少年舞台剧公演 601
CCTV中学生频道话剧公演 598，1031
IMAX球幕新电影“狐猴之岛”首映专场宣传活动 545，1025
Mad Science“宇”你同行科学秀 303
UFO与外星人（影） 713，717，720，726，982

A

“爱我中华古典园林·学我中华灿烂文化”年俗体验活动 804
“爱心汇聚力量 真情共筑希望”主题关爱活动 289
爱心一日行 929
爱心助学 964

“爱在汽博——公交系统免费月”主题活动 840
安定说车 847
奥德赛明星舞蹈团来海底世界（湖南）有限公司进行舞蹈表演 707

B

巴彦淖尔市少儿科普迎春晚会 249
“八一军民同庆”文艺汇演 920
“百名品学兼优且家境贫困学子”体验科技主题活动 378
“北京市工会会员持京卡·互助服务卡刷卡优惠逛汽博”活动 840
“北京市十佳生态旅游观鸟地”揭牌仪式 870
北冰洋奇观（影） 988
北极奇观（影） 1009
北极熊日记（影） 978
北京市利用社会资源丰富中小学校外实践活动 719
“边疆少年京城科普行”活动 719
变形记（影） 983，1031
冰的世界（影） 739，740，1011
冰峰行动（影） 997
冰雪世界（影） 1004
冰原怪兽（影） 978，1024
博士团进校园 405
博物馆伴随我成长——首届北京市中小学生社会大课堂学习成果评选展示活动 839
博物馆教育主题论坛 828
博物馆奇妙夜之“当科学遇上艺术—— 光影周” 049
博物馆之夜 847
博物馆之夜·走进消防博物馆 779

C

彩虹失窃案（科普剧） 236
蚕宝宝蜕变记 649
操作演示视频 465
长江宝贝（科普剧） 325
超级警长（影） 979
超级太阳风暴（影） 726
超市奇幻夜（科普剧） 231，232，236
车行天下 桩布全城——普天新能源·汽车博物馆充电站揭幕仪式 844
成都第六期 RFC 会员授证典礼暨继续教育活动 597
城市过山车（影） 1035
城乡儿童“手拉手”活动 569
赤山部队“科技东莞——双拥亲子游”活动 548
“崇尚科学 去宗教极端化”——科普“六进”系列活动 657
重返二叠纪（影） 1005，1031
重返月球（影） 913
出租车公益车队参观日活动 840
穿越白垩纪（影） 1005
穿越冰雪季（影） 1035
穿越寒武纪（影） 982
穿越太空（影） 713，982
创客狂欢季，暑期乐无穷——科学表演体验 257
创新创业主题报告会——天府科普大讲堂 598
创意科学秀“无中生有” 511
垂直风动 638
春季北京国际长走大会暨第二十一届房山旅游文化节 911
春夏秋冬（影） 755
“春暖花开——浙江文博衍生产品揽粹”展销活动 135

D

大白鲨（影） 983
大宝奇遇记 533
大湖区的奥秘（影） 1004
大脑的力量（科普剧） 447
大鸟探险记（影） 713，758，982
大气压强 184
大手拉小手 科普进校园——宁夏行活动 648
大手拉小手——科普报告希望行 584
“大手牵小手 科普文化乡村行”活动 959
“大手牵小手，安全共童行”儿童交通安全教育活动 843
大峡谷（影） 978
大学生保护海鸟千人签名行动 687
“大禹治水”水文化校园剧创作 800
带我去月球（影） 1009
“党员服务在社区 电影文化送温馨”露天电影放映专场 792
“低碳减排·从我做起”世界环境日主题放映活动 989
的士之星汽博之旅暨北京运输服务您宣讲 840
地球移民（影） 533
地心游记（影） 988，991

地学科普高峰论坛　905
地震（影）　1005
帝王蝶的迁徙（影）　726
第 67 期大河集邮论坛——黄河魂·中原情《黄河》特种邮票发行座谈会　850
“点亮微心愿，用心来实现”走进恐龙园活动　118
电磁表演　184
电磁舞台　526
电脑刺绣　183
电影导演吴天明铜像捐赠暨揭幕仪式　792
电影的历史与未来——纪念中国电影诞生 110 周年　792
东莞科技馆党支部科普双拥活动走进部队　548
东莞市第七届国际动漫版权保护与贸易博览会动漫电影展播　1026
端午节“裹粽佩香　诗意园林”活动　805

E

俄罗斯奥林匹克中心水上芭蕾舞团来海底世界（湖南）有限公司进行水上水下芭蕾舞表演　707
“二十四节气（一）”特种邮票首发式　768
儿童视力义诊筛查活动　661

F

发布广西科普文化旅游导览图　570
“发现北京汽博之旅”直播　847
发现北京之北京汽车博物馆公益活动　840
返乡大学生参观广西科技馆　570
“芳香植物的生活美学”妇女节活动　804
“放飞青春梦想，科学助我成长”青春期主题展览　210
飞行之梦（影）　978，996
飞越探奇（影）　453
非正规教育合作项目工作研讨会　627
疯狂囧鱼（影）　533，1000
疯狂实验室　425

G

革命老区夏令营　333
格兰沃克博士科学秀东莞行　547
“跟着大雁去迁徙”公益活动　869
跟着童画游湿地——儿童绘画大赛颁奖仪式　871
“公民道德建设月”普法考试活动　957
“共享蓝天，科技同行”科普活动　388
古堡奇妙夜（影）　979
古乐雅集　818
关爱的士司机“暖冬亲子行动”　429
关爱留守儿童“体验科技·放飞梦想”主题活动　588
“关爱留守儿童‘蒲公英’暑期科学营”公益活动　389
“关爱留守儿童”参观活动　622
关爱弱势儿童活动　435
关爱智障残疾儿童　694
关爱自闭症儿童　694
“关爱明天，法治护航，临沂市青少年法治宣传月集中教育活动　453
“关爱青少年·共筑中国梦”提升青少年科学素质行动　519
“关爱湿地，人人有责”环境教育实践活动　891
观影活动（4D 电影）　251
“馆校结合科学教育”研讨会　496
光的世界　594
光子争夺战　405
广西青少年科学节　579
广西自然科学博物馆协会第一次代表大会　569
广西自然科学博物馆协会工作年会暨专题培训活动　569
贵州省青少年科技辅导员论文征集活动　621
“国际儿童图书日”活动　173
国际山地户外安全与救援国际会议——天府科普大讲堂　598
国际影展法国电影周活动　792
国庆节文化活动“山居雅集”　805

H

哈勃太空望远镜（影）　999
哈利魔法科学秀　385
海龟之旅（影）　983，991，997，1022，1035
海豚（影）　978
海湾飓风（影）　978
海洋中的精灵（影）　983，1031
“寒假体验营”直播　847
航拍飞行器表演　555
“航天科技连着你和我——院士专家校园行”广西活动　579
“皓月空舞　情聚中秋”活动　370
河狸（影）　999

"和平海报分享和平"活动　348
恒星奥秘一生（影）　988
弘扬中华传统文化诗词朗诵会　871
红旗演习（影）　1009
"红领巾相约中国梦"2016 年乌海市庆六·一少儿文艺晚会演出　242
狐猴之岛（影）　1024
湖北科技论坛分论坛—— 2015·华中科学传播与科学教育高层论坛　477
护生诗画的故事（科普剧）　060
护卫信息网络安全畅通——"卫网通"新闻通气会　598，1031
"互助互爱　温暖同行"广西科技馆团支部帮扶共建活动　570
花儿与少年　649
花间计划　964
荒野（影）　1035
"黄丝带"关爱行动　325
黄道十二宫（天象节目）　717，913
黄河流域九省区湿地保护网络年会　874
黄土剧场　226
湟鱼洄游季　探秘青海湖　973
回归野性（影）　999
会飞的恐龙（影）　163，932，979
绘画中国古星图活动　717

J

机器人（影）　1003
机器人表演　183，420，563
极限飞跃（影）　531，739，1012
纪念斯洛文尼亚传教士刘松龄的专题活动　722
加拉帕戈斯（影）　1009
加拉帕格斯：大自然的仙境（影）　1003
"加油！少年先锋！"大型公益主题活动　570
"加油宝贝"关爱乡村贫困留守儿童科普活动　570
剑齿王朝（影）　1004，1024
"践行核心价值观，机关党员当先锋"——服务群众，党员志愿者在行动　548
江苏省第四届科普剧汇演颁奖典礼　316
江苏省第四届科普剧汇演启动仪式　316
教你认星星（影）　991
"教育的未来——关注孩子的精神成长"2015 教育论坛　532
解密 4D　1006
今天你分了吗　356
"今宵月更圆"第二届中国园林博物馆中秋音乐晚会　818
"金猴迎新春　共筑中国梦"中国书法城乌海 2016 年少年儿童春节联欢晚会　242
金毛大圣（影）　1004
"金秋敬老"活动　291
金属铝的故事（科普电视片）　916
紧急救援（影）　985
禁毒宣传主题活动　660
"京疆创新手拉手　科普惠民心连心"活动　660
"京津冀三地插花艺术"论坛　820
"敬老爱老　共建共享　文明和谐"主题宣讲活动　911
"聚焦国家网络安全周　共筑网络强国梦"系列宣教活动　499
"军民齐心携手、科技共促发展"主题科普大篷车进军营活动　577

K

卡罗卡大堡礁（影）　582
卡罗卡的魔法大堡礁（影）　913
"看百部优秀影片"之纪念抗战胜利 70 周年电影赏析交流活动　791
"看雷锋剧、读雷锋书、学雷锋精神"活动　840
抗日战争暨世界反法西斯胜利 70 周年爱国主义教育活动　949
科幻及家庭亲子类电影"陪你过暑假"活动　1025
科技伴我行——科技助残、关爱系列活动　289
"科技馆活动进校园"活动暨岗伟小学科普扶贫班定点帮扶结对共建协议续签活动　580
科技馆活动进校园——嵊泗巡演　303
科技活动周 4D 和球幕电影免费观影　1019
科技新播报（实验节目）　502
科技之窗（科普节目）　658
科普表演——伯努利和生活中的力　450
科普大篷车　419
"科普大篷车校园行"征文活动　379
科普电影　122
科普电影电视展映周　1004
科普电影展　534
科普儿童剧"长江宝贝"　330
科普扶贫班　580
"科普进乡村　植树美校园"广西科技馆走进长塘镇定西小学暨义务植树活动　570

科普剧　544
科普剧（秀）　464
科普剧进校园全年不间断活动　316
科普人偶剧“恐龙去哪儿了”　161
科普日汇演　189
科普实验秀“惊奇科学”　328
科普实验秀“魔幻泡泡秀”　328
科普手偶剧　343
科普四川与新闻媒体传播主题沙龙　598
科普图书推介会　442
科普消夏——市少儿科普艺术团专场演出　248
科普秀与群众性科技互动科普人才研讨、交流及培训会　513，506
科普巡演　303，304
科普演出　394
科普展览“迎羊年·民俗传统百姓乐”春节文化活动　804
科普中国——科普影视厅　465
科学表演　526
科学表演剧场　226
科学表演台　226
科学表演秀　836
科学表演秀“春天的旋律”　268
“科学大爆炸”等实验表演　206
科学互动表演秀“小气球　大学问”　644
科学魔法学院　368
科学实验表演　416
科学实验表演“冰与火之歌”　369
科学实验秀　324，346
“科学实验秀”进校园活动　331
科学实验秀“地震来啦！”　328
科学实验秀“奇妙的拱形结构”　328，329
科学实验秀“厨房大作战”　329
科学实验秀“泡泡秀”　329
科学实验秀“燃烧吧！火焰”　331
科学实验秀“水之密语”　330
科学实验秀“旋转之美”　329
科学实验秀“一转到底”　330
科学实验秀“有趣的发声”　330
科学实验秀进校园　326
科学童话　182
科学玩家纷享舞台　365
科学秀　544
科学秀“光与艺术——皮影戏”　555
可循环物品换礼品　争做最美文明游园家庭　871
恐龙：巴塔哥尼亚巨兽（影）　328
恐龙宝贝之龙神勇士（动画片）　117
恐龙的黄昏（影）　913
恐龙儿童人偶剧“恐龙去哪儿了”演出　157
恐龙复活（影）　978
酷黄瓜（影）　991
“快乐家园流动儿童俱乐部”公益科普活动　401
狂野大雪地（影）　991
狂野之海（影）　438，533，739，985，1009，1012，1017
昆虫（影）　1034
昆仑润滑油杯 2015 年中国大学生方程式汽车大赛校园行、北京信息科技大学—北京汽车博物馆方程式车队新车发布会暨出征仪式　843
昆仑润滑油杯 2015 中国大学生方程式汽车大赛新闻发布会　841
困难家庭亲子免费参观科技馆活动　324

L

来自星星的你（科普剧）　220
蓝色行动，用爱温暖孤独的心　373
老大之殇（科普剧）　220
老少边穷、港澳、优秀中小学生天文馆参观活动　712，983
雷锋（情景剧）　839
雷锋——一个汽车兵的故事　836
离退休老同志科普行活动　570
李大妈的辐射生活　320
力之初体验（科普剧）　469
联合国世界旅游组织河南省观测站焦作观测点公共宣传教育活动　473
留守儿童科普行活动　571
留守儿童夏令营　528
留下科技馆的标志　183
“留下梦想”夏令营　863
流动 3D 进校园　1017
流动影院　629
流光火影　318
“六·五环境日”废旧电池免费兑换门票公益环保活动　439
龙宫珍宝（视频）　160
隆安县丁当镇福尔泽小学扶贫科普行活动　571
陆家嘴过山车（影）　1021

"绿色人文，环境保护"塑料瓶系列环保活动　339
绿色引领时尚环保时装秀　385
绿色总动员　122

M

马达加斯加狐猴之岛（影）　978
马山县平乐小学扶贫科普行活动　570
马上县古寨瑶族乡加显村小学手拉手科普活动　569
漫博会动漫科普电影展播　546
漫游太阳系（影）　723
煤海探秘游　785
每周四球幕免费　1019
每月天象指南（天象节目）　717
"美国风景园林的奠基人——奥姆斯特德理念"展专题研讨会　813
"美国景观之路与中国城镇化发展"学术研讨会　821
美食大风暴（影）　1035
"镁光灯下的生活"微电影闭幕式　303
魅影　633
萌猴历险记　982
迷离的星际（影）　713，758，913，982，997
迷失的世界（影）　979
麋鹿苑的夏天（科普剧）　060
麋鹿苑特色科普剧编演　064
蜜蜂的世界（影）　999，1021
民办博物馆可持续发展论坛　815
名师义诊　426
明清太平石缸捐赠仪式　777
"明日科技之星"爱心科普行活动　570
摩登部落（影）　988，1000
魔法古堡（影）　979
魔法汽水（影）　438，999，1017，1022，1031
魔力珊瑚暗礁（影）　996，1009，1035
"母亲节——环保科普我先行"为民服务志愿活动　667
牧牛王子（影）　1035

N

"南海子·麋鹿·月季"文化系列主题宣传活动　064
南极帝企鹅（影）　1009
南极荒原（影）　1009
南太平洋（影）　978
"能见蔚蓝"地球一小时环保公益活动　104
"鸟岛在线"CNTV"熊猫频道"　973
农业部市场信息司 2015 年专题调研成果研讨交流活动　769
诺曼底登陆（影）　1009
女检查官"体验科技魅力"活动　622

P

漂亮的王冠　405
贫困地区师生参观体验活动　325
贫困儿童走进湿地博物馆　964
"品一叶春茶　悟大美园林"活动　811
"蒲公英科学传播志愿服务团"科普品牌活动　405
葡萄沟里的嘉年华　660，1060

Q

"奇幻魔法秀""孙悟空大战粽子精"　370
奇妙的星空（影）　713，982
"气球怎么变大了"科学表演　236
汽车档案　847
迁徙（影）　1021
钱塘论坛 4·22 世界地球日特别节目　352
亲子环境月　871
亲子植树活动　324
"青春扶贫行动"农村留守儿童参观广西科技馆活动　570
"青春建功美丽中国"活动　198
"青春之梦"主题活动　769
青岛科技大学志愿者来青岛水族馆进行三下乡活动　674
"青年环保大使行动与环保教育计划"启动仪式　1058
青少年电影伙伴计划　1009
"清风送温暖　蓝天舞纸鸢"活动　811
清明节"园林文化雅集——园趣茶韵"活动　804
情系公益　绿色行动　860
"庆六一　亲子乐　奇妙音乐节"主题活动　829
庆"三八"女士免费畅游科技馆　545，1026
穹顶之下环保携手　352
穹顶之下有行动　352
球幕影片　1019
"去极端化"气象科普进监狱主题教育活动　657，1058

趣味动漫视频　465
趣味科学实验　182
趣味科学实验表演　594
趣味实验表演“探秘地震”　388
趣味星空（影）　755
全国科技馆辅导员大赛科学实验表演汇演　201
全国科普日活动暨广西“十月科普大行动”　579
“全国科普日”科学实验展演　220
全国科普日新疆系列科普活动启动仪式暨“新疆科普之夜”活动　657
全国青少年科学影像节展映展评活动　580
全国文物修复技术研讨会　772
全国政协科协委员调研　874
全省科普剧创作与表演体验交流活动　548，553

R

“让科学动起来”馆际交流活动　634
“让科学炫起来”——科技馆馆际科学实验活动展演　649
“让科学炫起来”科技馆馆际科学实验展示交流活动　577
“让科学炫起来”六家科技馆科学教育活动展示交流会　469
“热爱家乡，走进湿地”生态文明教育活动　891
人类与光　356
人与宇宙（影）　758

S

赛复“创智杯”活动表演　304
三叠纪海怪（影）　932
“三星希望小学科普行”活动　570
“二羊开泰　春牛报福”2015 立春文化节活动　716
三原色之争　405
色彩开启梦想——大型国际艺术公益采风活动　444
色彩盛宴　594
森林之王（科普剧）　442，444
傻豹埃迪（影）　1005
山上的大镜子（影）　1034
“山居雅集”系列茶文化活动　818
珊瑚礁历险（影）　531，991
闪电之舞　226
上海科博会科普表演　304
“社会主义核心价值观”猜谜活动　173
社工与您同行　528
深度看展品　425
深海迷航（影）702
深海探秘（影）　1005
神秘海洋（影）　1009
“神奇的大气压”科学表演　236
神奇的非洲（影）　979
神奇的泡泡　242
生灵之翼（影）　1009
生命之舟（影）909
声音看得见系列教育活动　303
省科协海外人才引进计划会议——天府科普大讲堂　598
省直机关工委青年座谈会　597
省总工会五四表彰活动　598
实况转播阅兵仪式　1009
“石嘴山市首届青少年科学节”科普剧演出　236
史前历险（影）　991，1014，1035
世界反法西斯胜利 70 周年音乐会　598
世界华人科普奖　598
世界奇观（影）　1004
世园会外国专家团考察　867
手偶剧　182
暑期动漫精灵秀　343
鼠老三进城（影）　1035
鼠老三进城 1（影）　1014
鼠老三进城 2（影）　1014
树的一生（影）　582，726，1022，1035
“水与生活”拍潮节摄影作品征集　800
“丝路之夜”主题博物馆之夜　057
四川科技馆展厅展品改造工程设计及相关服务踏勘现场及投标预备会　597
四川省学会工作交流会座谈会　598
四季（影）　1021
四季星空（影）　729，758
“送法进高墙　关爱育新人”区直机关共青团学雷锋志愿服务活动　570
“诵中华经典　品传统文化”活动　811
速度之旅（影）　1035
孙子兵法（影）　453

T

《它是一粒种子——上海自然博物馆新馆印象》新书发布暨作家签名售书活动　310
塔希提巨浪（影）　212，999

踏青赏鱼清明游 697
太空海盗（影） 1034
太空垃圾（影） 531，983，988，991
太空之旅（影） 1009
太阳的奥秘（影） 739，740，1009，1011
“探寻星空的传奇，穿越时空的梦幻”天文特色旅游活动 744
探寻电影之美高峰论坛——剪辑的力量 790
糖、果护牙大战 661，1060
“体验科学 放飞梦想”关爱留守儿童主题活动 589
体验科学 牵手共享——部分农村青少年科普行活动 442
天津“8·12”火灾爆炸事故英烈悼念仪式 777
天空动物园（影） 755
天上的宫殿（影） 713，982，997
天文科普剧“天狗吞月” 647
天文科普研讨会 759
“挑战惊奇”科学表演秀 420
跳舞机器人表演秀 378
“听的科技 心的交流”主题体验活动 289
“同一个世界，同一个梦想——保护地球，热爱环境，从我做起”主题参观互动体验活动 911
“同在蓝天下，魅力科普游”活动 336
徒步健走活动 871
屠呦呦对虐原虫干了什么？ 183

W

外来务工人员子女关爱行动 325
万户飞天（影） 988
万江实验小学体育艺术节文艺汇演 548
王大珩学术与教育思想暨国际光年学术研讨会 284
王小宝的牙齿 649
微观世界——人体探险之旅（影） 369
微型怪兽（英）（影） 1009
“微信与科普”主题放映活动 238，989
未来更美丽 585
未来能源科普秀表演 547
慰问儿童福利院残障儿童 496
文明共建、文化共享“结对子、种文化”电影展映活动 791
我爱湿地 让候鸟飞 885
“我爱我家”家庭情景剧展示活动暨“益心童行”关爱儿童成长公益活动 290
“我的中国梦·青春七彩梦”广东省第六届留守儿童汕头市福彩夏令营 563
我们都是外星人（影） 978
五大湖之谜（影） 368
五一劳动节“百年牡丹耀韶华 园林雅集普新知” 804
“五一”联谊笔会 812

X

锡安大峡谷（影） 985，991
“希望工程梦想课堂”公益活动 439
喜迎新年 科技馆3D数字影院团体购票新优惠 544，1026
细菌大作战（影） 438，453，582，1004，1017，1029
仙境烟台首届中韩徒步大会 938
“现代科技场馆体系建设”系列调研活动 1047
“献爱心、送关爱”活动 1059
香肠猴（影） 1009
香港大学生社会实践合作 348
向中国电影诞生110周年致敬佳片赏析（二）：“做一件好事 做一个好人”温度微电影导演交流活动 791
向中国电影诞生110周年致敬佳片赏析（三）：“旗”——“光影使徒”梁明导演见面会 791
向中国电影诞生110周年致敬佳片赏析（一）：“黄克功案件”影片赏析 790
消失的森林王国 649
消失的水晶（科普剧） 633
“小小艺术家——手工艺品爱心创意大赛”慈善拍卖活动 662，1058
小动物大英雄（影） 988
“小鹅和红房子”童话科普剧表演节日活动——乌镇戏剧节 120
小海龟历险（影） 1034
小记者科技秀场活动 289
小精灵大冒险（影） 979
“小桔灯梦想课堂暑期留守儿童陪伴活动——科技馆之行”活动 232
小强的故事（影） 983
小手拉大手 禁烟齐步走 871
小水滴剧场 226
小小科学秀 226
小辛历险记（影） 997，999
蝎子王归来（影） 1005

"携手共进　筑梦未来"两岸儿童交流活动　842
"携手小伙伴、快乐共成长"疏附县中小学生赴乌鲁木齐活动　1058
心理咨询互动读书会活动　348
新编美人鱼（科普剧）　236
新春购票送礼品　545，1026
新电影新春惠民活动　1025
新居民子女科普一日游活动　385
星空音乐会（影）　713，982
星星宝宝（影）　991
星云（影）　729
星座传说（影）　978
行星：太阳系之旅（影）　982
行星家族（影）　729
"幸福花儿大篷车"公益游园活动　113
熊猫传奇之熊猫与巨猿（影）　1029
熊猫与巨猿（影）　453，979，988，1035
徐悲鸿艺术中的人文情怀——纪念徐悲鸿诞辰120周年研讨会　818
"轩辕奖2015第二届中国汽车产业年度贡献奖"颁奖典礼　839
"学雷锋、争先锋、树新风"主题放映活动　238，989
"学子免费游"活动　841
寻找多巴胺（科普剧）　469

Y

牙细菌覆灭记（科普剧）　399
亚马逊（影）　1004
亚马逊萌猴历险记（影）　453
亚特兰蒂斯（影）　988
"烟花是怎样产生的"科学表演　236
仰望苍穹（影）　1035
"野鸭湖新增鸟种名录发布"会　870
夜莺之歌（科普剧）　060
依法治国新起点　法治中国新蓝图　597
银河铁道之夜（影）　212，713，982
隐秘视界（影）　1003
"迎'八一'，军民共倡低碳文明绿色出行"活动　842
迎六一市少儿科普艺术团专场演出　249
影王子的生日礼物（科普剧）　220
邕城农民工子女科普行活动　570
鱼（影）　988
鱼龙勇士（影）　438，932，1004，1024
与"中小学教师国家级培训计划"教师开展馆校交流　588
宇宙大碰撞（影）　1004
宇宙旅行（影）　755
宇宙少年侦探团（影）　713，913，982
宇宙探秘（影）　713
园林文化探索之旅　818
粤东第三届全科医学研讨会暨汕头市医学会全科医学专业委员会年会　563
粤东检验检测技术学术论坛　563
"悦读·梦想"世界读书日主题放映活动　238，989

Z

灾难（影）　997
灾难警示录（影）　991
宰恩大峡谷（影）　1017
展品视频系列片　447
张家港市第五届科普剧汇演　336
"珍惜地球资源，转变发展方式——提高资源利用效益"主题宣传展示活动　910
珍邮疑案（科普剧）　321
拯救小猪匹克（影）　1014
知识产权宣传周活动　472
智能工业机器人　226
"中国文化遗产日"宣传活动　908
"中国文化遗产日"系列文化活动　815
"中国重要农业文化遗产保护扶持政策研究"课题专家论证会　769
中国（济南）国际智慧城市博览会暨第二届中国（济南）智慧城市高峰论坛　442
中国（深圳）国际气候影视大会　529
中国地质博物馆志愿者活动纪实　902
中国电影国内巡展——2015中国电影博物馆走进法大　788
中国国际动漫节分会场活动　864
中国国际影视动漫版权保护和贸易博览会科技馆分会场动漫电影展播活动　1025
中国杭州科普特种电影展映　356，1009
中国科技馆科学表演展演　291
中国科技馆特效电影展映活动　196，979
中国科协年会首场活动——民营高科技企业转型发展高峰论坛　520
中国流动科技馆湖南巡展工作座谈会　496

中国旅游日开展残疾人免费参观活动　707
中国宁夏国际观鸟节活动　895
中国汽车工程学会巴哈大赛新闻发布会　842
中国少年科学院“小院士”评选活动　552
中国少年科学院“小院士”证书颁发仪式暨“小院士”成长之路报告会　545
中国文化遗产日传统技艺活动　805
中华农业文明学习交流　765
中华农业文明与国家治理学术研讨会　770
中欧民间环保实践研讨会　352
“中秋佳节博物馆里赏新意”主题活动——“嫦娥奔月新传”科普剧　173
中秋节传统文化活动　805
中日传统食品创新论坛　598，1031
中影东莞科技馆影院“陪你过暑假”　546，1026
烛光晚餐　276
主题班会“适应新生活，迎接新未来”　157
追逐天空的奥秘（影）713
“紫色魔幻，气球精灵”魔术气球秀活动　339
“自贡恐龙发现 100 年”新闻纪实活动　164
自然的力量（影）221，723
自然至上·携手共建和谐美好家园主题插花周　806
走进云南天文研学亲子之旅——“探寻星空的传奇故事，穿越时空的梦幻旅行”　747
“走进湿地，热爱第二故乡”教育实践活动　891
“祖孙乐，敬老情”系列亲子活动　666
祖拉巡航记（影）988
最后的大堡礁（影）1029
最后的珊瑚礁（影）982
“最美诠释 2015”案例征集活动　220

项目名称索引

英文与数字题名

2015年“广州市十佳科普讲解员大赛”策划与实施 507
2015年北京天文馆科普阵地建设 714
2015年北京天文馆陨石藏品采购 714
2015年创意机器人特训营 507
2015年大金山岛生态调查 305
2015年度科技馆活动进校园 507
2015年科普大篷车车载展品采购项目 411
2015年农村中学科技馆研制及相关服务项目 411
2015年全国科普讲解大赛 507
2015年浙江省完善博物馆青少年教育功能试点工作 123
2015天文奥林匹克竞赛国家集训队培训 714
3D剧场放映系统升级改造 714
Leap Motion体感技术在展览展示中的应用研究 506
LED体验馆 564

中文题名

A

安徽省“十三五”国土资源科普规划 930
安徽省地质遗迹集成与展示 930
安徽省重点古生物化石保护规划 930
安徽早三叠世原始鱼龙类巢湖鱼龙系统研究 930
安吉两栖动物多样性示范监测 123

B

百山祖的野生植物——木本植物Ⅱ 124
包头市黄河湿地保护与利用对策研究初探 874
包头市黄河湿地保护与利用研究 877
包头市南海湿地遗鸥栖息地生境营造技术示范项目 874
北方常见草本植物在屋顶绿化中的适应性研究 060
北京道路现生植物对大气颗粒物及重金属净化、指示及抗性评价研究 060
北京极端污染天气颗粒物化表征及其对健康的影响 060
北京市科普基地优秀活动展评 050
北京市中小学生自然科学知识竞赛 051
北京天文馆无线网络全覆盖建设 721
贝类标本防氧化技术研究 123
博物馆第二课堂平台服务功能优化模式构建 861
博物馆分馆建设的实证研究 123
博物馆公众服务体系研究与建设 902
博物馆建设与文化产业协调发展研究 947
博物馆经营管理条例 826
博物馆微观教育研究 123

C

参与编写《北京市国家级服务业标准化试点成果》 837
长春市转型升级过程中基本公共服务支撑体系建设研究 104
长春物候观测 104
场馆观众学习模式研究 305
沉浸式天文互动多媒体应用软件的研发与配套平台的搭建 714
成都市科普基地建设 947

成果地质资料保护性修复　914
崇明东滩鸟类植物生境的优化与监测　305
重庆数字科技馆二期建设　591
创新大赛　630
创新团队——防控外来物种入侵的公共生态道德教育　050
创意机器人大赛区级赛模式研究应用　506，507
创意机器人教师培训　507
从公共关系视角探寻天文馆形象建构的创新范式　714

D

大连第四纪古生物科普创作研究　090
大连动植物数据库共享平台及存储系统扩容　090
大连自然博物馆藏品数字化系统建设　090
大手拉小手科普报告行　630
大学生标本大赛　881
大学生暑期社会实践活动　881
地质调查成果大众化服务产品开发　902
地质遗迹标本采集与购置　902
第四届广东省创意机器人大赛　507
东城区科普日活动　050
动物标本标准化整理和数字化表达　305
动物鸣声收藏的初步研究　123
对人工饲养条件下北极熊的研究　686

F

非正规教育项目　630

G

古田山国家级自然保护区生物多样性调查　123
馆藏地质标本保护与修复　902
馆藏珍稀动物组织标本低温保存技术研究　123
馆校结合科学教育活动研究　051
广东低碳消费模式创新公共服务平台建设　506
广东非物质文化遗产公众互动平台建设与应用　506
广东科学中心科学探究营地教学资源的开发及教学视频的拍制　506，507
广东省大学生科学影像大赛　507
广东省青少年科技创新能力培养计划实施推广——以创意机器人为载体　506
广西古近纪鱼类及环境研究　138
广西特色自然遗产（宁明新生代古生物化石）研究　138
广西雅长保护区两爬动物资源调查费　138
广西中小学生发明创造示范单位　572
广州地区科普资源共建共享研究与实施　507
国家标本资源共享平台—— 2016 年植物标本数字化专题　050
国家防震减灾科普教育基地建设　146
国家科技基础条件平台——重庆自然博物馆植物标本数字化共享　146
国家岩矿化石标本资源共享平台　902
国家重点保护野生植物来源中药材的利用　050
国土资源部党的文献和党史编纂　902
国土资源成果宣传与知识普及　902
国土资源科普能力建设研究　902
国土资源年鉴　902
国土资源知识公众化传播关键技术研究　937
“国土资源知识公众化传播关键技术研究”子项目——化石标本识别展教系统制作、使用和测评　157

H

海南鳽繁殖栖息地选择及保护对策研究　123
杭州西溪国家湿地公园生物多样性监测　124
湖南省地质公园博物馆建设标准制定　942
互动性流动科普展示策划与实施　507
华东黄山—天目山脉及仙霞岭—武夷山脉生物多样性调查　124
华南虎血常规及血液生化指标正常值研究　971
环保科普巡展　104
黄河金翅鲤鱼等大规格鱼种繁育　877

J

基础科学原理解读与探究系列展品展示关键技术研发　190
基于改善的中国湿地博物馆安保体系研究　861
基于互联网的科普慕课平台及课程研究与开发　549
基于互联网的虚拟地质博物馆展示、教育研究　942
基于科技馆平台的创新方法培训研究与实践　190
基于免费开放的科技馆展教工作对策研究　344
基于天文软件实境模拟的地理教学实践研究　729
基于线上线下的创意机器人课程研究开发　507
基于虚拟场景的 3D 数字化展览展示系统集成研发项目　090
基于游戏化体验的园林科普展示交互设计研究　806
基于智能终端的平衡计分卡绩效管理系统研究与应用　549
基于中小学天文教学内容的活动方案研究　714

积极心理教育的高校育人文化研究　947
吉林省蝶类志　104
极危物种中华凤头燕鸥的保护遗传学研究　123
集美乐海小学海洋科学馆设计建设项目二期　426
集美小学科学文化长廊委托建设　426
“纪念中国人民抗日战争暨世界反法西斯战争胜利 70 周年现代军事科技展”开发　361
加强北京民族互嵌式社区环境建设　826
借助麋鹿被毛重金属含量评价其栖息湿地生态系统环境的安全性　060
金牌小“蜜”探（最美的诠释 2015）　291
景宁望东垟高山湿地省级自然保护区脊椎动物调查　124

K

开放式展区动物标本保持技术研究　124
开展国家自然历史博物馆建设专题调研　051
科技部“现代科技馆体系相关标准与规范研究”课题　478
科技创新成果转化类展品传播效能评价模型及指数研究　305
科技馆活动进陕北　050
科技馆活动进校园　050，051
“科技馆活动进校园”拓展性教育项目专题调研　305
科技馆教育活动的理论探讨与实践研究　344
科技馆进校园的作用、影响及运行管理方式研究　442
科技馆展教活动创新研究　190
科技合作　868
科普大讲堂　367
科普大篷车巡展项目　227
科普和科技培训专项　874
科普活动进校园的开发及建设　367
科普日活动主会场补贴　051
“科探家族玩科学”走进校园公益行活动　367
科学传播研究与推广基地建设：“节水抗旱”“金毛羚牛”　305
科学传播研究与推广基地建设：“镁光灯下的科学生活”微电影大赛、科普资源内容体系构建　305
科学探索课程　367
恐龙的世界 4D 科普节目制作　714
恐龙化石调查、发掘、保护与综合研究　138
控温控湿及覆膜技术在化石保护中的应用研究——以山旺生物群化石为例　124

L

蓝田汤峪河哺乳动物化石研究　173
利用场馆资源提升教师和学生能力的“馆校合作”项目策划和实施　305
利用社会资源丰富中小学校外实践活动　714
荔浦臭蛙就地保护　138
连江科技馆　426
两岸四地科普交流系列活动　507
两岸四地科学乐园系列活动　507
辽宁本溪中三叠世林家植物群系统研究　076
辽宁古生物博物馆科普微课程建设　076
辽宁古生物研究基地强化项目　076
辽西早白垩世神龙翼龙超科的分类演化研究　076
灵长类动物标本收集与保存　051
流动科技馆及科普大篷车内容建设指导性规范研究之分主题——流动科技馆和科普大篷车鹿角藏品数据库建立　060
鹿类动物疫病监测实验室建设　060

M

莽山烙铁头蛇繁育研究　971
梦想 in 科学 2015 青少年暑期科考活动　591
麋鹿肠道菌群分析与致病机理研究　060
麋鹿附属产物——麋鹿角的无机元素含量及健康效应评估　060
麋鹿苑大气环境监测平台建设　060
妙趣光影（最美的诠释 2015）　291
明天小小科学家　630

N

南海湿地鸟类群落监测及遗鸥栖息繁育研究　877
南海湿地生态鹅养殖基地建设　877
南京科技馆机器人展区改造项目　326
内容建设指导性规范研究　442
宁波科学探索中心科普教育基地建设项目　367
宁波科学探索中心科普剧表演活动　367
宁明花山岩画区域自然环境背景调查研究　138
宁明盆地渐新世生物群及环境　138
宁明左江流域历史环境研究　138
农历二十四节气申请世界非物质文化遗产研究　766

P

葡萄沟里的嘉年华　1060
“葡萄沟里的嘉年华”第三届全国科技场馆科学教育项目　658

Q

祁连山昆虫群系统学和群落特征研究　902
抢在“后天”之前——从低碳出发　353
青岛观象台公共天文台　743
青少年高校科学营　630
青少年调查体验活动　630
求知计划教育项目　630
全国博物馆科普标本调查及建档　051
全国第三次可移动文物普查　849
全国省会城市级科技馆内容建设指导性规范研究　464
全国省级科技馆内容建设指导性规范研究——流动科技馆和科普大篷车内容建设指导性研究规范　599
全国自然科学类人才队伍培养方案实践研究　305

R

如何复活一只恐龙　305

S

山东省“星级科普教育基地”现状调查研究　1047
山东省科技馆新馆理念和功能定位研究　442，1047
山东省县域流动科技馆项目实施效果评估　1047
山西省地质资料信息集群化共享平台　914
山西省重要地质钻孔数据库建设　914
山西中生代脊椎动物化石及地层系统调查　914
陕西陆生野生动物调查（合作项目）　173
上海崇明东滩北八滧湿地野生动物资源调查与监测　305
上海地区野生貉种群现状及其保护对策研究　305
上海天文馆工程建设关键技术研究与应用　305
上海天文馆展示工程建设关键技术研究　305
上扬子海南缘奥陶纪五峰期宏体化石的生物学属性及其沉积环境研究　076
“少年创客训练营”之“废旧瓶子大变身”科技实践活动报告（教师）　291
设计一只会跳舞的电动光盘毛毛虫　291
“神话之鸟归来”科普纪录片拍摄　123
沈阳市古生物科普基地建设项目——古生物博物馆精品展示工程建设　076
生物多样性示范观测（缙云山观测样区）　146
生物多样性示范监测（弄岗、猫儿山）　138
生物多样性示范检测（上海市 6 点）　305
省会城市级科技馆内容建设指导性规范研究　395
湿地生态系统保护与修复技术试验示范　874
数字化科普产品开发及推广　549
数字化石与化石保护研究　902
数字化自然影像的采集、管理及应用研究　123
水利遗产保护与传承　797
水文化遗产研究与展示宣传　797
饲料蛋白水平促进中华鲟后备亲鱼生长和发育的研究　679

T

“探秘水族馆幕后”系列动手科普活动　050
“探盐之旅”第三届全国科技场馆科学教育项目　658
探盐之旅　1060
天津科学技术馆新馆建设项目　210
天文科普宣传车科普行活动　721
通过科普场馆展教活动建设科学精神的研究与实践　227
童梦圆　630

W

完善青少年教育功能试点　146
未定级国有博物馆运行评估标准研究　123
文化部港澳大学生专项“2014 港澳大学生文化实践活动”　050
我国太阳物理历史观测资料整编　743

X

西城区科普能力建设　721
西溪湿地环境教育模式研究　861
狭义光唇鱼属的两性异型及进化　123
厦门嘉莲社区动漫馆　426
现代科技场馆体系建设问题研究　442，1047
现代农业技术展厅　402
小谷围科学讲坛项目开发及实施推广　507
小气球　大学问　645
小球旅行知多少（最美的诠释 2015）　291
《新编浙江植物志》第 4 卷　124
新媒体技术在虚拟自然博物馆应用研究　090

新媒体展览辅助信息系统　714
新时期我国科技馆展览展品开发策略研究　190
新世纪十百千人才工程　138
形形色色的石头　947
虚拟天文馆建设　721

Y

“仰望星空·快乐成长”天文科普活动　714
液浸库房不同制别标本的保存技术研究　123
“一秀一课”公益展教活动项目　326
依托场馆资源的科技馆科学教育　291
移动式多功能数字趣味教室　157
鱼类液浸标本保存新技术研究　123
“宇宙畅游”展览（二期）　714
“宇宙畅游”展览（三期）设计　714
月球背面典型撞击坑结构演化研究　714
月球探索 3D 科普节目制作　714
云南元谋盆地新近纪被子植物木化石群及其对古植被和古气候的指示　902

Z

展品开发标准研究与通用部件研发　190
展品研发与创新信息化共享平台建设　190
浙江韭山列岛中华凤头燕鸥繁殖种群招引与恢复　123
浙江鸟类多样性示范监测　123
浙江清凉峰国家级自然保护区生物多样性研究　123
浙江省甲龙化石的鉴定、复原展示和研究　124
浙江省湿地保护现状研究　861
浙江省收藏古生物化石调查　124
浙江特有极危动物安吉小鲵保护遗传学研究　123
浙江义乌市观音塘村古生物化石调查　123
浙江义乌中生代足迹化石调查　123
浙江自然博物馆植物标本数字化与共享　123
植物标本的制作、保存及在博物馆工作中的应用　861
志愿服务在科技馆事业中的相关作用研究　344
中国孢子植物志·地衣志　050
中国标准地层建立——中国底层表的完善　076
中国电影博物馆 2015 年度观众满意度与免费开放效果观众问卷调查数据报告　788
中国电影博物馆文化创意产品的现状及对策研究　788
中国东北中生代晚期古蝉多样性及其演化历程（半翅目，蝉亚目）　051
中国古代“候气”理论、实验与传播研究　721
中国古典皇家园林艺术特征可视化系统研发　806
中国科协精品科技期刊工程　714
中国科协魔爪培训　450
中国流动科技馆山西巡展项目　227
“中国梦·科普行”全市科普巡展　549
《中国农业通史》编撰　766
《中国农业文明通史》编研　766
中国青少年机器人竞赛　630
中国湿地博物馆馆藏珊瑚标本鉴定研究　861
中国数字科技馆 2015 年度地方优质科普资源征集及二级子站建设项目　457
中国数字科技馆二级子站建设　591
中国数字科技馆移动子站建设征集项目　457
中国特色现代科技馆体系“十三五”规划研究　190
中国西南地区三叠纪蛇颈龙祖先类群——纯信龙类的个体发育和系统演化研究　123
中国园林博物馆“微应用”平台建设　806
中国真鹿亚科物种 DNA 条形码研究　060
中国重要农业文化遗产保护扶持政策研究　766
中华凤头燕鸥繁殖栖息地专项调查　123
“中华大典·农业典·蚕桑分典”课题研究　766
中科院移动科普传播征集项目　457
“中生代王者归来展”科普产品更新　050
专业科技类博物馆发展研究报告“十三五”科普基础设施发展规划研究　766
自贡世界地质公园恐龙园区 2014 年地质遗迹保护项目——数字化园区建设项目　157
自贡侏罗纪恐龙动物群子平台续作项目　157
自然博物馆古生物化石数字化建设研究　090
自然博物馆资源开发模式梳理与典型案例提炼　051
自然学堂——少儿互动课程项目　051
组织开展天文科普活动　721

研究成果名称索引

（本索引包括著作、论文、报告、手册、教材、文集、专利、影视作品、科普挂图等名称，带 * 号条目为期刊名称。）

英文与数字题名

A brief analysis on exhibition and collection from cross-cultural perspective 307
A Middle Triassic thoracopterid from China highlights the evolutionary origin of overwater gliding in early ray-finned fishes 126
A new Cretaceous Metatheri an mammalfrom Henan, China 126
A New Species of Odorrana Inhabiting Complete Darkness in a Karst Cave in Guangxi, China 138
A new specimen of Hupehsuchus nanchangensis Young, 1972 (Diapsida, Hupehsuchia) from the Triassic of Hubei, China 126
A psittacosaurid-like basal neoceratopsian from the Upper Cretaceous of central China and its implications for basal ceratopsian evolution 126
A review of the genus Rhaphicera Butler, 1867 in China with description of a new subspecies (Lepidoptera, Nymphalidae) 147
A second hadrosauroid dinosaur from the early Late Cretaceous of Zuoyun, Shanxi Province, China 052
A second hadrosauroid dinosaur from the early Late Cretaceous of Zuoyun, Shanxi Province, China 914
A sinemydid turtle from the Jehol Biota provides insights into the basal divergence of crown turtles 076
A systematic overview of fossil osmundalean ferns in China: Diversity variation, distribution pattern, and evolutionary 076
An arboreal docodont from the Jurassic and mammaliaform ecological diversification 051
Application of white cellulose acetate sheets on fossil wood investigation 077
Archisargoid flies (Diptera, Brachycera, Archisargidae and Kovalevisargidae) from the Jurassic Daohugou biota of China, and the related biostratigraphical correlation and geological age 077
Assessment of trace elements in water of Beijing urban lakes, China 061
Breeding ecology of the critically endangered salamander, Hynobius amjiensis (Caudata: Hynobiidae) endemic to eastern China 125
Buildding the Platform for Birdwatching and Environment（口头报告） 478
China Achieving Moon Mission Goals 715
Common blackbirds Turusmerulause anthropogenic structures as nesting sites in an urbanized landscape 126
Complete mitochondrial genome of Gnathopogon taeniellus (Cypriniformes: Cyprinidae) 125
Description of Two New Freshwater Mussels from China 126
Effect of different-sized colloids on the transport and deposition of titanium dioxide nanoparticles in quartz sand 305

Elatostema magni–auriculatum (Urticaceae), a new species from China 051
Environment and ecology of East Asian dinosaurs during the Early Cretaceous inferred from stable oxygen and carbon isotopes in apatite 138
Evaluation of microhabitats for wild birds in a Shanghai urban area park 305
Evolution and Function of Dinosaur Teeth at Ultramicrostructural Level Revealed Using Synchrotron Transmission X–ray Microscopy 051
Evolution of Protoanancus (Proboscidea, Mammalia) in East Asia 051
Evolutionary development in basal mammaliaforms as revealed by a docodontan 051
Exploring the Formation of a Disjunctive Pattern between Eastern Asia and North America Based on Fossil Evidence from Thuja (Cupressaceae) 052
First artematopodid beetle in Mexican amber and its biogeographic implications (Coleoptera, Artematopodidae) 126
Fission track thermochronology evidence for the cretaceous and paleogene tectonic event of Nyainrong Microcontinent, Tibet 077
Functional analysis of a novel cysteine–rich antimicrobial peptidefrom the salivary glands of the tick Rhipicephalus haemaphysaloides 305
Genetic ancestry of the extinct Javan and Bali tigers 306
Genetic Variation of the Major Histocompatibility Complex (MHC Class II B Gene) in the Threatened Hume's Pheasant, Syrmaticus humiae 138
Giant radiating mafic dyke swarm of the Emeishan Large Igneous Province: Identifying the mantle plume centre 903
Historical Distribution of Metasequoia Referenced to Paleoclimate Factors 077
Human harvest climate change and their synergistic effects drove the Chinese Crested Tern to the brink of extinction 126
Influence of Fireworks Igniting in Spring Festival of 2014 on heavy metal content of Beijing Dust 063
Lay, Brood, Repeat: Nest Reuse and Site Fidelity in Ecologic Time for Two Cretaceous Troodontid Dinosaurs 126
Lethe elwesi (Moore) stat. rev., a distinct species, with description of a new subspecies from NW Yunnan, China (Lepidoptera, Nymphalidae, Satyrinae) 147
Lethe gregoryi Watkins (Lepidoptera, Nymphalidae, Satyrinae), a distinct species 147
Low Genetic of Leptobrachium Guangxiense: Evidence from Cytochrome b Sequences 139
Managing State–Museaums in China to Achieve Best Value 139
Miocene woods from the Qaidam Basin on northern Qinghai–Tibet Plateau with implications for paleoenvironmental change 903
Mitochondrial phylogeny of Chinese barred species of the cyprinid genus Acrossocheilus Oshima, 1919 (Teleostei: Cypriniformes) and its taxonomic implications 126
New data on palynology of lower part of Yong' ancun formation (Upper cretaceous) in Jiayin of HeiLongjiang, zaya–bureya basin, China 077
New data on the cervical morphology of the Chinese tapejarine 077
New hadrosauroid material from the Upper Cretaceous Majiacun Formation of Hubei Province, central China 052
New material of Longipteryx (Aves: Enantiornithes) from the Lower Cretaceous Yixian Formation of China with the first recognized avian tooth crenulations 091
New records of Jurassic petrified wood in Jianchang of western Liaoning, China and its palaeoclimate implications 076
Notes on Lethe from China, with descriptions of two new subspecies (Lepidoptera, Nymphalidae) 147
Palaeoenvironmental conditions at Madigou (MDG), a newly discovered Early Paleolithic site in the Nihewan Basin, North China 051
Paratullbergia Womersley in China: the description of a new species and a key to the genus (Collembola, Tullbergiidae) 305
Positive plant–soil feedbacks of the invasive Impatiens glandulifera and their effects on above–ground microbial communities 306
Pseudapiocera shandongensis gen. et sp. nov., a protapiocerid fly (Diptera: Brachycera: Protapioceridae) from the Early Cretaceous Jehol biota, China 077
Recognizing the species of Thuja (Cupressaceae) based on their cone and foliage 051
Revision of Cyprinus maomingensis Liu 1957 and the first discovery of Procypris–Like cyprinid (Teleostei, Pisces) from the late Eocene of South China 138

Seasonal Trends of Polycyclic Aromatic Hydrocarbons in Particulate Matter at an Urban Site in Beijing, China 061
Study lunar soil and dust with Chang' E-3 mission data 715
The Status of Wild Extinct Species Elaphurus davidianus A successful ex situ conservation project in China for threedecades 061
Two New Species of Liuixalus (Rhacophoridae, Anura): Evidence from Morphological and Molecular Analyses 138
Winged Fruits of Deviacer in the Oligocene from the Ningming Basin in Guangxi, South China 138
Yuanjiawaornis viriosus, gen. et sp. nov., a large enantiornithine bird from the Lower Cretaceous of western Liaoning, China 076
2014 年广西猫儿山两栖动物监测总结 139
2015 年刊(山东省科技馆)* 443
2015 厦门科技馆展教活动汇编 * 426
3D 打印技术在古生物复原领域应用的初探 306
AM 真菌在草原生态系统中的功能 306
AM 真菌在有机农业发展中的机遇 306
CCD 成像系统中光学系统研究 285
CCD 模拟前端及模数转换设计 285
CVD 法合成宝石级钻石鉴别及其市场化探讨 127
iBeacon 在博物馆的应用研究 827
K- 卡拉胶寡糖对仿刺参碱性磷酸酶和超氧化物歧化酶活性的影响 698
LD 侧面泵浦全固体激光器声光调 Q 实验的研究 285
MOOC 科普学院网 556
Nd3+：YAG 长脉宽脉冲激光器应用于激光焊接机中的初步研究 285
n-GaAs 基欧姆接触快速退火的研究 285
RFID 电子票务可行性研究 485
RFID 技术在博物馆藏品管理中的应用 903
SOLOMO 时代科技博物馆的发展策略 191
STEM 教育在科技馆教育活动中的实现方式 307
UFO 与外星人（影） 982

中文题名

A

安徽省地质博物馆新闻宣传汇编 931
安徽省地质博物馆志愿者年刊* 931
澳门渔业信仰与神像雕刻业的兴衰 767

B

巴山国家级自然保护区昆虫多样性初步调查 146
巴斯夫小小化学家活动带来的启示——浅谈科技馆教育活动的改进 190
灞河流域非点源污染最佳管理措施模拟研究 052
白屈菜种子油脂体的发生与发育研究 052
百度百科．自贡恐龙全景博物馆（数字博物馆） 158
百年地学路 几代开山人——中国地学先驱者之精神及贡献 147
板块运动之美 228
半散放麋鹿产子育幼行为研究 061
包头南海湿地遗鸥保护与研究 875
北极狼繁殖期的护理 706
北疆博物院的研究综述 147
北京城市科学节与爱丁堡国际科学节的比较研究 478
北京地表水冬季水化学特征和质量现状 061
北京动物园* 071
北京动物园制度汇编（2015 版） 071
北京麋鹿生态实验中心以激励为原则构建岗位晋级新体系 062
北京麋鹿苑博物馆建设的美学探讨 061
北京麋鹿苑鹿类动物病亡规律比较分析 061
北京麋鹿苑使用状况评价研究 062
北京南海子麋鹿体型的性二型及生长发育 061
北京南海子麋鹿苑冬季鸟类资源调查 061
北京汽车博物馆 2015 年主题报告 837
北京汽车博物馆管理运行的创新与实践 846
北京汽车博物馆论文集（2015） 837
北京市国家级服务业标准化试点成果 846
北京屋顶绿化研究进展 062
北京野鸭湖湿地新增鸟类名录 870
比始祖鸟还早的赫氏近鸟龙 077
笔耕入协会 天高任鸟飞 063
毕节科普* 621
变焦距安防镜头的光学设计 285
别让眼泪成为最后一滴水 217，220
波与粒子的婚礼 402
“伯努利原理与飞行”之神奇的博你离辅导教案 228

博物馆安全管理探索 125
博物馆保护和传承非物质文化遗产的技术手段 766
博物馆财务战略管理研究 846
博物馆藏品的非物质文化遗产保护 125
博物馆藏品使用新思路研究 127
博物馆动手做实践 105
博物馆古生物展示定期更新的必要性 127
博物馆环境与观众体验关系研究 766
博物馆教育活动的文化行销 124
博物馆教育在青少年社会角色认知中的作用 124
博物馆开展书法艺术教育刍议 125
博物馆临时展览数字化开发与资源整合 767
博物馆突发事件的应对 124
博物馆微应用平台系统设计与实现 807
博物馆与非物质农业文化遗产保护研究 767
博物馆与社会可持续发展——浙江生态文明成果系列展实践探析 125
博物馆致力于社会的可持续发展 881
博物馆中的数字化展览季展示技术研究 125
不可“言传”的科学史——科学绘画的本质与功能 127
不同 AM 真菌对玉米生长的促生效应 306
不同饵料组合对马来沙水母生长的影响 675
不同麋鹿栖息地土壤无机离子特征变化 062
不同人为干扰下毛竹林内节肢动物群落的多样性分析 124
“布氏”丁香与白丁香的杂交新品种选育 806

C

彩虹派对是如何变成炼狱的 193
常山国家地质公园藏——金钉子 903
长脉冲激光器的研究 285
长脉宽脉冲激光器的实验与输出特性研究 285
尘封的记忆 957
尘封的记忆——新疆科技馆成立 30 周年征文集 658
沉睡的寐龙 158
成都市市民科普消费调研报告 947
城市公园生境类型对鸟类群落的影响 306
城市公园植被特征对陆生鸟类集团的影响 306
迟滞鳄类研究概况 139
重构与发展——博物馆集群化运营研究 307
重庆大巴山国家级自然保护区昆虫生物多样性评价 147
重庆缙云山国家级自然保护区蝶类区系研究 146
重庆科技馆简报* 591
重庆自然博物馆的来信（明信片） 153
初春深圳观“黑琵” 061
刍议通过国土资源科普减少闲置土地 942
传承农耕文明 培育农民精神 771
传承一个理念，培育一种精神 766
传承与发展 063
传统农业塑造了包含文化的方向 767
创客文化与科技馆创客教育刍议 507
创新创作，科教育人——数字阅读时代科技馆行业科普创作的转变与发展 426
创新理念，合作共赢，新常态下科学传播发展研究——以广州科普基地联盟为例 508
瓷上园林——从外销瓷看中国园林的欧洲影响 807
“聪明的饮水鸟”之科学探秘案例研讨 228
从“多普勒效应”到“哈勃定律” 228
从茶肆“游戏”到高堂艺术：电影在中国的“华丽转身” 788
从传播学视野看科普讲座的策划 191
从科学角度谈动物放生 052
从冥王星开始，开始你的新视野 730
从小说《德伯家的苔丝》看哈代的悲剧观 285
从新环境保护法谈公民个人的环保义务与责任 531
从语言张力看小说《白鹿原》的文学价值 285
从展项到剧场——人形机器人在科技馆中的科普展示 508
从枝菌根网络的生态学功能 306

D

“大”观世界——无处不在的凸透镜 217，220
大黄素 -8-O-β-D- 葡萄糖苷药理作用研究进展 052
大科普背景下“小科普”策略刍议 451
大连地区步甲科昆虫种类调查初报（昆虫纲，鞘翅目） 091
大连地区野生重点保护植物调查及保护对策分析 091
大连自然博物馆自动化办公系统的新模式探索 091
大盘山国家级自然保护区昆虫区系分析 124
大山铺恐龙公墓现形记 158
大数据时代的科普教育活动 572
大数据时代智能视频分析技术在博物馆安防中的应用 125
大型科技场馆绿色建筑建造关键技术的创新实践 507

大自然* 052
当前群众文化对科技馆展览设计的需求探讨 451
等了 30 年的“请看下集”——“黑猫警长之翡翠之星”影评 789
低碳文化建设的基本途径探析 353
低碳信息快报* 354
低温条件下几种硝化系统熟化方法的探讨 691
地球* 904
地球静止微型与极轨卫星运行服务的动态演示装置（专利） 193
地球科学非正式教育的亟须性与传播途径探讨 485
地球上空的“金钟罩” 730
地铁列车辅助电源系统简介 091
地学前辈谢毓寿先生访谈录 147
地震避难体验 228
地质科学数据集成与共享服务 903
第 29 届湖州市青少年创新大赛优秀作品集 380
第 29 届全国青少年科技创新大赛（武汉市选拔赛）优秀论文集 489
第二届“彩色蚕宝宝”科普体验实践活动优秀作品汇编 380
“第三极”的原住民——藏狐 307
第一版在朝鲜铅字印刷的《人民铁军》 853
电动汽车跑起来 839
电鳗体表溃烂症的治疗 691
电商时代下的华语电影 789
跌落凡尘的“世界第一观赏石” 903
东方龙宫* 158，169
东非宝石级铬钒钙铝榴石（察沃石）矿床成因模式探讨 903
东莞科技馆科普教育活动的形式与开发探讨 550
东莞市科学技术博物馆“科技梦·少年梦·飞行梦”科普活动的设计理念与成效 550
东莞市科学技术博物馆馆校结合历程及发展对策探讨 550
冬至：一个适合您挑选房子的日子 733
动物标本造型中的动态美 105
动物分子进化与研究 052
“动物模仿秀”活动 316
动物眼中的彩色颜色 127
对当前科普特效影院运营管理的几点思考 497
多娇江山 活力之城：江山市生态文明成果巡礼 128
多媒体实现方式及在科技场馆的应用探讨 451
多输入端优先信号扩展技术解决方法 508
多元智能理论对科技馆科普培训活动的启示 192

E

儿童心智教育探索实践 451
二十四节气农谚大全 772
二十四节气中的农业生产——芒种 767
“二十四节气·春季”特种邮票 772

F

发挥联盟优势 打造特色科普活动品牌——“校园行”活动的策划与实施 507
发挥联盟优势 开展馆校合作科普基地的探索和实践 508
发挥流动科技馆在农村中小学校开展科普教育活动中的重要载体作用 645
法国科幻电影发展研究 190
防火与逃生 778
放错地方的资源 228
放归普氏野马（Equus przewalskii）繁殖群的食源植物及食性选择 062
飞行的故事之伯努利原理 316
非正式科学教育典型案例的剖析与启示——基于美国博物馆教育活动的考察 478
非正式科学教育在科技馆平台下的设计 485
肥皂膜与最小表面 228
粉尘 Big bang——南京科技馆消防展区活动辅导教案开发 326
浮动的世界——山东省科技馆伯努利效应之探究 443
“复活”恐龙，让它与博物馆一起成长 158
复苏与勃兴的背后——韩国商业电影的启示及产业策略分析 788

G

“感知科学”河北省科普剧场系列视频节目 218
高粱、紫苏叶脉密度与光合特性的关系研究 052
给“侏罗纪公园”挑刺 158
工匠精神与科技馆展品设计的创新实践——以“力与旋律”展项的概念设计为例 478
工业遗产科学教育功能初探——以天津工业遗产为例 211
工作年鉴 624
公共文化语境中博物馆观众的主体性分析 127
拱形的力量——合肥科技馆“拱桥”展品活动教案开发 395

构建馆校闭合通道应重点把握的几个问题　645
构建国家自然科学基金委员会——地方政府联合基金项目管理制度探析　508
构建学习共同体：以为科技馆教育者与以为科技馆教育研究者的对话　591
构筑科学与艺术的共同体——当下科学秀表演之本体研究　192
古代镇水神物的文化背景解密和文化价值探析　797
古今农业*　767
古生物探秘　307
固守与创新—— 2006 年以来港台电影发展新趋势研究　789
关于“科技馆发展奖”品牌化发展的思考　192
关于博物馆会员制的几点思考　139
关于博物馆突发事件管理的几点思考　903
关于地方型科技馆发展新途径的研究　591
关于儿童科学教育的思考　491
关于扶持中国重要农业文化遗产保护工作的报告　771
关于光与影临时展览的介绍和分析　191
关于结合科技馆资源扩展科普讲座教育功能的探讨　192
关于科技博物馆原始创新展品的设计　192
关于科技馆对科学教育的探讨　591
关于科技活动周科普效应的调研与建议——以 2014 年上海科技活动周为例　307
关于科普助推科技创新的几点思考　307
关于利用地方科技资源建设科技馆的思考　190
关于时差的几个问题　715
关于完善事业单位非招标政府采购方式的探讨——以广东科学中心为例　508
关于在科技场馆开展科技教育教学活动的思考　211
关于中华农耕文化现实价值的思考　766
关于中小型科技馆建馆的点滴思考　191
关于专题展览展陈效果和综合效益的几点思考——以中国湿地博物馆为例　861
关于做好科技馆管理工作的思考　353
观鸟牛背梁　063
馆报（东莞市科学技术博物馆）*　550
馆情快递（河北省科技馆）*　218，222
馆校共建少年科学院的探索与思考　550
馆校合作的一点做法与思考——以东莞市科学技术博物馆为例　550
馆校合作实践中的经验探索与启示——以青海科技馆为例　630
“馆校结合”是科学教育的有效途径　607
馆校结合构建立体化科学教育网络　715
馆校结合科学教育活动开发设计与尝试　591
馆校结合科学教育应重视受众家庭的参与　550
馆校结合综合实践活动指南　595
管理学视角下的科技馆展品研发　478
“光的色散”探究式学习辅导教案　228
“光的色散”之阳光的奥秘　228
光影奇案　529
广岛长崎原子弹爆炸在中国备受关注——纪念世界第一颗原子弹爆炸成功 70 周年　191
广东基础研究问题分析及对策研究　508
广东科学馆工作简报*　518
广西富川洞穴调查报告　139
广西科技馆公共科普教育活动探究论文集　585
广西科技馆通讯*　572
广西科普文化旅游导览图　1054
广西南宁盆地渐新世孢粉植物群及其古环境意义　138
广西自然博物馆组织文化建设与创新探讨　139
广义琼斯矩阵求解绿光激光器腔内本征态　285
贵州赤水桫椤国家级自然保护区生物多样性　147
国际旅游综合体建设的西溪模式　865
国家湿地*　862
国内煤炭博物馆发展定位与科普教育浅析　783
国内外信息构建研究进展分析　191
国土资源和环境保护科普事业发展情况对比分析及可持续发展建议　903
国土资源科普基地评估指标体系构建研究　903
国土资源科普在两型社会建设中的作用　942
国土资源科学技术普及现状、存在问题及对策分析　903
国外垃圾处理案例分析　353
国外引进特展的展示与效果分析——以加拿大安大略科学中心“奇异的材料”特展为例　307
国外治理雾霾的措施及成效　353
国学中的科学　228
国有博物馆财务管理目标探讨　842
国有博物馆财务管理目标研究　837

H

海底大侦探*　675
海底探秘　053
海绵城市在生态湿地公园中的运用——以麋鹿苑为例　061
海鸥　127

海洋 Park* 680
海洋科普学习手册 680
海洋探秘* 673
海洋童话故事丛书 675
汉代明器连机水碓研究 767
汉中五门堰水利碑刻的研究 797
杭州江海湿地兽类组成及其多样性初步研究 124
杭州科学大讲堂丛书——科学传播者 364
杭州市的雾霾特征分析 353
杭州市社区科普讲师团简讯* 362
杭州市雾霾天气的成因分析 353
杭州萧山区湿地资源现状及保护对策 861
好奇魔学堂（科普节目） 554
合肥市科技馆通讯* 395
河海使者淞江鲈 307
黑龙江嘉荫晚白垩世永安村组水生被子植物——卡班叶（Cobbania）的新发现 077
红松洼自然保护区土壤螨群落结构对短期围栏封育的响应和指标征研究 306
湖南省地质遗迹资源特征及资产化管理研究 942
蝴蝶奇观 053
护士鲨脂肪肝病的防治 698
花的世界 053
华北板块东部早古生代动物群、沉积相及地层多重划分 077
华北国土资源* 914
环保科普巡展中的“送展入校”研究 105
环县—南梁地区三叠系长 4+5 砂岩成岩作用及对孔隙的影响 947
唤起孩子心中的梦想 158
黄道十二宫（数字节目） 982
黄河博物馆概览 849
黄河口·大湿地（明信片） 970
《黄河口·大湿地》摄影集 967
回望（图册） 212
会飞的恐龙（影） 081
“浑天仪”考 714
火山浮石探密之旅 316

J

“荠”及其相关植物的原植物考证 052
机器猫的奇幻大冒险——错觉主题展品区 417
基于 ADMAS 的 LED 体三维显示系统的动力学分析 508
基于 FAHP 的半散养及圈养麋鹿栖息环境评价指标体系构建 061
基于 3D 技术的“和自己握手”演示装置（专利） 286
基于 Logistic 曲线的黄皮树生长模型研究 508
基于 ZEMAX 的多光束半导体激光器光纤耦合设计 285
基于对游客意见的分析探讨重庆科技馆的系统完善措施 591
基于非损伤取样法的麋鹿分子生态学研究进展 062
基于感性消费心理浅谈博物馆文化创意产品设计思路 091
基于馆校合作的小学课程开发研究 307
基于互动展示角度浅谈如何提升科技馆的展教功能 508
基于激电方法探测山西义兴寨金矿的应用研究 914
基于建筑形态、材料等的媒体形式的影像系统的选择分析 306
基于锚定效应的科技馆展览教育知识转移对策研究 191
基于全景技术的博物馆网络虚拟展示设计与实现 077
基于全景技术的博物馆网络虚拟展示实现研究 077
基于人脸识别技术的互动脱口秀小剧场在博物馆中的应用初探——以大连自然博物馆科普互动小剧场为例 091
基于三螺旋结构的科普文化产业协同创新研究 508
基于生态承载视角的城市生物多样性研究 062
基于生物多样性保护的湿地生态文化研究——以北京麋鹿生态实验中心为例 062
基于微信时代的群众文化传播研究 353
基于新媒体与大数据的新型网络科普能力建设策略探讨 550
基于信息共享空间的科技博物馆服务模式创新 191
基于虚拟现实技术的博物馆网络仿真展示研究 077
基于政策引导的实验区可持续发展探讨——以广东省可持续发展实验区为例 507
基于知识流动走向角度的科技信息资源整合问题研究 507
基于主动形状模型的人脸肖像画生成系统的应用 222
激光谐振腔内的广义琼斯矩阵研究 285
极速侏罗纪——与龙赛跑（科普产品） 170
计算机网络安全的主要隐患及管理措施分析 191

记宁夏石炭纪扁体鱼类化石——新属　903
既济*　777
加强馆校衔接，共同促进馆校科学教育的发展　426
加强科技馆展品维修能力建设　191
加压式调Q固体脉冲激光器实验系统的搭建　285
建构主义指导下的科技馆实验教育活动设计　478
健康麋鹿血清总蛋白、白蛋白和球蛋白含量的分析　061
“姜”及其相关植物的原植物考　052
江西北部岩溶地貌陆生贝类物种多样性　124
蛟龙探海　307
揭秘辽宁史前世界　081
节能低碳新生活，公共机构做表率（动漫公益广告）　206
节气与农业：不知四时，失国之基　767
节约保护水资源（图册）　562
解读自然——小小科普讲解员培训教材　048
解密：科技帮汪峰上头条　396
解析中国西南少数民族背儿带艺术　827
今天你“努力”了吗？——伯努利原理探秘　326
金刚山义县翼龙　919
金属类古玩的保管（上）　766
近代中国的植物园　147
近红外光谱的小波域分析方法研究　285
京北“绿肺”野鸭湖　868
京津冀三大水系与首都生态文明建设　806
经常吃西式快餐好吗（科普微视频）　193
经济与科技助力大气污染治理　353
九龙山国家级自然保护区蝶类资源与区系研究　124
居室经常开窗通风好吗（科普微视频）　193
觉华鸟（新属）（Juehuaornis gen.nov.）——辽西早白垩世—今鸟型鸟类新发现　077
蕨类植物装饰画　077

K

开尔文静电发生器验电装置（专利）　193
开普勒太空望远镜　193
开展体验探究式教育项目　打造科技场馆独具特色的学习情境　861
看的奥秘——眼睛与视觉全书　053
看点科学　417
看科技*　274
科创中心呼唤“大科普”　314
科幻画获奖作品集　489
“科幻剧场”展项的研发过程　191
科技博物馆用户信息需求调查研究　191
科技场馆科学教育活动的设计理念和成效　211
科技场馆体验式教育项目的开展——以中国湿地博物馆为例　861
科技场馆学习中的人工制品及其中介价值　478
科技场馆与中小学的伙伴关系　211
科技馆*　193
科技馆常设展览教育模式探析　192
科技馆创新展品研发的分工与合作　191
科技馆的探究活动　316
科技馆的智能导览终端设计　508
科技馆非正式教育设计的探讨　485
科技馆行业服务文化的培育　426
“科技馆活动进校园”项目案例“小谷围科学讲坛”科学传播品牌打造实践　508
科技馆讲解新模式研究　353
科技馆教育活动的开发思路和教学设计研究　497
科技馆教育活动研究报告　191
科技馆科普展教活动开放性与外延性的实践与探讨　344
科技馆科学教育活动探究　572
科技馆科学实验演示活动特性及设计原则分析　192
科技馆类事业单位预算绩效管理的实例探析　591
科技馆人力资源管理激励机制探讨　478
科技馆说　193
科技馆体系下流动科技馆人才队伍建设浅析　192
科技馆与中小学合作进行科学教育模式研究　550
科技馆在变与不变中可持续发展　645
科技馆在馆校结合科学教育中如何发挥自身特点　607
科技馆展览教育与青少年科技文化教育初探　451
科技馆展览教育与生态文明建设　222
科技馆展览与科学知识建构互动模式设计与体系建设　361
科技馆展示方式中的认知科学　491
科技馆展厅内的创客教育尝试　191
科技馆展厅运行与管理　192
科技馆针对青少年开展科普教育活动的思考与实践　591
科技类博物馆公众参与型科学实践平台建设设想初探　478
科技类博物馆展项研发及运行管理标准化创建及探讨——以北京汽车博物馆为例　837

科技之窗* 680
科普：什么是粉尘爆炸？为何比瓦斯气爆更可怕？ 396
科普场馆 4D 影院建设的探讨 861
科普场馆传播生态文明理念刍议 508
科普场馆人才队伍面临的问题及培养体系建设浅析 658
科普大篷车教育活动评估 607
科普大篷车十五年发展分析研究 190
科普大舞台小鬼来当家 316
科普工作简报* 063
科普教育活动——博物馆发挥教育功能的重要载体 126
科普剧选集 550
“科普剧”之体验创新 228
科普特种电影的特点及教育实践 307
科普小推车的开发与妙用 192
科普洋湖系列丛书 885
科普影院运营管理模式初探 550
科普用艺术演出来——江苏省科普剧汇演优秀剧目汇编 317
科普展项理念探索——以上海科技馆“魔方机器人”展项为例 307
科普之窗 206
科探冒险日志——宁波科学探索中心场馆体系主题设计案例 367
“科学棒棒堂”之高压放电——合肥科技馆展品深度讲解开发实施 395
科学传播中的博物学教育——以高层次科普专门人才培养为例 478
科学华尔兹之认识“离心现象”——合肥科技馆“离心现象”展品活动辅导教案开发 395
科学画：撬动博物学教育的有效杠杆 478
科学教师拓展营 572
科学教育与博物馆* 307
科学文化视域中的动物——浅析科技馆中的动物展项优先出版 508
科学与视听娱乐交互的科普模式——特种电影 395
科学与艺术的跨域实践——以自然博物馆的经典展示方式为例 127
恐龙大王科学艺术海报——马门溪龙 153
恐龙的世界（数字节目） 982
恐龙的世界末日（科普微电影） 193
恐龙科普触摸球（科普产品） 170
恐龙面具（科普产品） 117
《恐龙去哪儿了》来啦 158
枯草初白话霜降 478
快乐科普 554
快乐学天文 751
宽沟五日 063
矿物、岩石、矿石标本资源及矿床描述标准 904

L

来自星星的你——陨石 733
朗霁月刊* 286
利用嫦娥三号降落相机及探月历史数据浅析月尘分布 715
联合大众媒体开展科普活动的实践与探索 508
辽西热河生物群龟类化石浅谈 077
林地之旅 053
林则徐治水遗物遗迹考述 797
临沂市科技馆免费开放面临的主要问题及应对措施探析 451
岭南科技史的科普展示研究 508
流传千年的嫁接技术 766
流动科技馆志愿者讲解员的选拔与培养 947
龙宫掠影（宣传短片） 162
龙鸟之争 081
论 STEM 教育在湖南省科技馆的实现途径和方式 497
论公共文化服务体系视野下的博物馆功能实现 124
论江苏东海早白垩世地层 903
论经济生活新常态的四重结构 947
论科技馆个性化科普服务的重要性和实施策略 714
论科普文化产品的“人本”属性——以广东科学中心为例 508
论水文化遗产与水文化创意设计 797
论文化生活新常态的六个维度 947
论雾霾对社会经济的危害 353
论新形势下行政事业单位预算管理提升 591
论政治生活新常态的七个维度 947
论自然博物馆藏品与科普教育活动的关系 127
论自然博物馆的研究工作 125
论自然类博物馆观众的生态道德观建立和改变 125
绿化有机物覆盖对风信子生长发育的影响 806
略论新会计制度下科技馆固定资产的管理 508

M

马的起源与演化 146

马格努斯效应演示装置（专利） 193
矛盾和平衡！?——中药动物入药与动物保护 126
媒体眼中的广西科技馆 585
煤炭博览* 783
每月观星指南（影） 982
每月天文信息之窗* 752
美国风景园林之路——奥姆斯特德设计理念展 807
美国探索馆《参观指南》的设计思路研究 191
美绘自然 307
麋鹿的百年沧桑 062
麋鹿电刺激采精及精液品质研究 061
麋鹿回归三十周年画册 063
麋鹿科技资源科普化的实践与展望 060
麋鹿鹿茸转录组基因高通量测序分析 062
麋鹿生境适宜度评价指标初探 062
麋鹿输出的管理过程与实施技术 061
麋鹿疫病流行概况与防控对策 061
麋鹿与生物多样性保护国际研讨会论文集 063
麋鹿苑及周边地区的鱼类物种多样性 062
麋鹿苑麋鹿粪便重金属含量初步分析 062
麋鹿苑湿地生态旅游 SWOT 分析 061
麋鹿苑湿地生态旅游资源调研报告 062
麋鹿苑植物净化大气颗粒物中重金属前处理方法优化 062
面向科普服务的图书馆与科技馆合作模式初探 191
明代福船的历史渊源 190
《明天，农村让城市更向往》画册（文化篇） 767
模型复制技术在兽类标本制作中的应用实例 306
末次冰消期后大西洋水进入楚科奇海台：来自介形虫化石群的证据 306
木质素与生物燃料生产：降低含量或解除束缚? 306

N

南海湿地保护行政执法手册 875
南来飞燕北归鸿——徐悲鸿园林绘画作品集 807
内蒙古南海子湿地植物 875
内容为王　整合资源　打造科技馆品牌 599
能源的奥秘、神秘的空气 502
拟穴青蟹池塘育苗生物饵料的初步研究 306
“鸟蛋之王”现园博 806
鸟的王国 053
鸟瞰 063
鸟类动态监测对湿地公园生态系统环境评价的应用 126
宁夏科技馆馆报* 645
牛顿学说在中国的早期传播及其影响 191
纽扣 361
农村电子商务培训 364
农作物和食品生产对水环境的影响——利用糖作为模型 767
浓茶能解酒吗（科普微视频） 193
奴隶社会的井田制和沟洫农业 766

P

爬行动物标本制作技术探讨 125
爬行动物形象的转变 126
聘用制在事业单位人力资源管理中的应用探究 062

Q

奇妙的水母 675
企业文化专刊* 680
钱塘江海塘及涌潮景观申遗研究 797
浅论博物馆在新农村公共文化教育中的作用 091
浅论人类学理论在科技馆“技术”类展品中的应用——以英国邱园“植物与人”展览为例 191
浅论信息环境下的科普传播 443
浅谈安徽省古生物化石资源保护与管理 930
浅谈白眉企鹅尾脂腺异常的诊断治疗 706
浅谈博物馆的安全服务与应急处置 125
浅谈博物馆发展现状及前景展望 125
浅谈博物馆观众的行为与引导 903
浅谈博物馆专题展览——试以两个专题展览实例说明 060
浅谈低碳行车 353
浅谈古生物化石数字模型在博物馆的开发与应用 091
浅谈馆校结合实践中存在的困惑 607
浅谈光学三维测量技术 285
浅谈行业博物馆的科普教育 783
浅谈科技馆在非遗保护中的作用 451
浅谈科普场馆利用“微平台”推动科普工作及推进馆校合作——以东莞市科学技术博物馆为例 550
浅谈科普教育对科技馆的重要性——以东莞市科学技术博物馆为例 550
浅谈鹿角珊瑚白化病的治疗 706
浅谈母公司对子公司的财务细节控制 508
浅谈企业博物馆对企业文化形成与发展的作用 855
浅谈球幕影院如何更好地应用于科技场馆，带来艺术与互动娱乐的科技革新 599

浅谈如何培养孩子美感及其重要性 607
浅谈湿地类博物馆利用新媒体推进青少年教育——以中国湿地博物馆为例 861
浅谈数字阅读时代下科普教育活动的创作 497
浅谈文物藏品规范化管理 930
浅谈武汉科技馆新馆开展科技旅游 485
浅谈雾霾对人体健康的影响 353
浅谈现代展览设计中的艺术体现 903
浅谈新形势下博物馆安全的管理 125
浅谈以微信为主导的新媒体对群众文化的影响 353
浅谈在创新环境下的博物馆工作 139
浅谈展品维修技术能力建设 192
浅谈中国农业博物馆书画藏品数字化展示 767
浅谈重庆科技馆馆校结合科学教育活动的实践 591
浅谈自然博物馆开展科普教育活动应遵循的几点原则 105
浅谈自然类博物馆的拓展式教育 125
浅析博物馆在文化遗产中的保护作用 957
浅析东莞市科学技术博物馆科普活动的开展模式 550
浅析广东省自然科学基金管理存在的问题与对策 508
浅析科技馆 4D 影院的建设与发展 591
浅析科技馆科普辅导员队伍素质再造的途径和方法——以浙江省科技馆科普辅导员队伍素质建设为例 344
浅析科技馆穹幕影院放映设备的升级改造——以上海科技馆太空影院为例 307
浅析科技馆如何在“互联网 +”环境下推动群众文化发展——以临沂市科技馆为例 451
浅析科普统计的意义——以广东科学中心为例 508
浅析如何打造科技馆的文化传播平台 491
浅析社区科普讲座的一些原则 060
浅析探究式科学教育在场馆教育活动的应用——“魅力科学课堂——钉子玩杂技”的启示 465
浅析重庆科技馆免费开放之后的问题与应对策略 591
浅析自然博物馆生态道德观建设 125
浅析自然博物馆生物标本管理的新趋向 105
浅议科学表演秀的几个关键因素 497
浅议流动展览在天文馆社会教育中的作用 715
浅议设计趣味实验表演的几点原则 497
浅议我国法治档案的意义与问题对策 125
抢在“后天”之前——从低碳出发 354
亲历钱塘江河口治理开发过程的回忆——戴泽蘅、李光炳访谈录 797
青岛观象台 1898 743
青海之最（科普专栏） 630
青少年低碳环保理念的教育研究 353
青少年绿色主题教育活动的设计理念和成效——以中国湿地博物馆为例 861
清代历狱学案与候气观念的衰微 715
求治愈与无法治愈：轻电影的“治愈系”悖论 789
全国科技馆加班费及科技辅导员职业现状调查 624
全球科学教育改革的趋势与特点 211
确定一个三角形的条件的理论探索及相关发明 485

R

让博物馆活起来的几种模式分析 797
让科学教育活动成为科技馆的品牌——结合实践对如何设计科学教育活动的探讨 211
人・车・生活 846
人为捡蛋、气候变化及其协同效应加剧中华凤头燕鸥濒于灭绝 126
认识我们的身体 316
认知符合理论下的国外天文馆学习设计浅析 307
日语翻译面对的语言文化差异问题研究 285
日语翻译中的直译和意译 285
如何让你的展览更出众——情感化设计与魅力属性（中） 827
如何让你的展览更出众——情感化设计与魅力属性（下） 827
如何提高博物馆后勤设施管理水平 126
如何提高科技馆的传播效应 191
如何通过展览辅导将分散孤立的展品串联起来 281
如何通过展厅教育活动使科技馆常设展览的固定展示内容更丰富灵活 281

S

三维激光扫描技术在古生物学中的应用 125
三维数字技术在中国园林博物馆文物保护中的应用 806
三叶虫的起源与演化 146
三种探索形式的比较——美国探索馆探究式教育活动案例分析 192
散落田间的国宝 158
莎翁《皆大欢喜》中的人文主义 285
鲨鱼运动会 680
“杀破狼 2”：香港动作片的回归与嬗变 789
“山崩地裂话安全”防灾系列科普片（第二部） 556
山东省科技馆数字科普资源（光盘） 444

山西的炎帝传说与粟文化　766
山西科学讲坛（光盘）　228
山西煤田构造及控煤构造特征　914
山西省科学技术馆简讯*　228
珊瑚礁鱼类烂脸症在水族馆中治愈途径的探讨　691
陕西科学技术馆内刊*　607
陕西科学技术馆年册*　607
陕西蓝田地区三趾马化石新材料　174
陕西自然博物馆论文集　174
上海城市绿地春季鸟类取食集团研究　124
上海科技馆官方新闻报道与形象建构——以上海科技馆官方网站新闻报道的内容为例　307
上海自然博物馆陈列艺术的应用与思考　478
身边的大自然：爱情鸟——大天鹅　091
身边的大自然：白头鹎到底是什么鸟？　092
身边的大自然：百年好合——野百合　092
身边的大自然：暴走的海火螂子　095
身边的大自然：北太平洋露脊鲸　094
身边的大自然：扁脑珊瑚　094
身边的大自然：不交房租的租客　093
身边的大自然：不受欢迎的先锋植物——年蓬　092
身边的大自然：不畏寒冷的独行者——猞猁　096
身边的大自然：朝生暮死——蜉蝣　094
身边的大自然：成双成对的鸳鸯　095
身边的大自然：诚实之石——紫晶　092
身边的大自然：虫界的清道夫——葬甲　095
身边的大自然：虫界的神行太保——步甲　095
身边的大自然：臭名昭著的刺果瓜　096
身边的大自然：臭妮子——茶翅蝽　095
身边的大自然：刺球子——远东刺猬　092
身边的大自然：大鵟　096
身边的大自然：大连的那些凤仙花儿　093
身边的大自然：大连有没有真正的野生玫瑰？　092
身边的大自然：大自然的歌手——蝉　094
身边的大自然：大自然的清道夫——臭蜣螂　095
身边的大自然：呆萌的东北神兽——狍　093
身边的大自然：但爱鲈鱼美——花鲈　094
身边的大自然：道拉吉原来就是桔梗　093
身边的大自然：东北小鲵——环境监测者　092
身边的大自然：东海夫人你可认识？　092
身边的大自然：飞檐走壁神行侠——无蹼壁虎　092
身边的大自然：粉墨登场——斑缘豆粉蝶　095
身边的大自然：粉墨登场——菜粉蝶　096
身边的大自然：粉墨登场——黄尖襟粉蝶　096
身边的大自然：风中的舞姬——大红蛱蝶　091
身边的大自然：枫叶红了——元宝槭　095
身边的大自然：凤舞九天——柑橘凤蝶　095
身边的大自然：凤舞九天——金凤蝶　094
身边的大自然：凤舞九天——美姝凤蝶　093
身边的大自然：鬼子姜到底是什么植物　096
身边的大自然：果实长有芒刺——鬼针草　096
身边的大自然：海划子——黑脸琵鹭　092
身边的大自然：海里的星星　095
身边的大自然：海上游禽——黑尾鸥　092
身边的大自然：海棠果 VS 山楂　094
身边的大自然：海豚的近亲——可爱的江豚　092
身边的大自然：海味之冠——倔强的鲍鱼　091
身边的大自然：海洋中的芭蕾舞者——斑海豹　093
身边的大自然：海洋中的红精灵——红珊瑚　094
身边的大自然：海中的刺头儿——海胆　094
身边的大自然：寒风中傲立的叶牡丹——花羽衣甘蓝　096
身边的大自然：红蓼醉秋风　094
身边的大自然：蝴蝶一样的翅膀——小鳍红娘鱼　094
身边的大自然：花丛中的精灵——食蚜蝇　094
身边的大自然：花香浓郁——七姊妹　092
身边的大自然：槐花的前世今生你了解多少？　091
身边的大自然：环纹环尾春蜓　093
身边的大自然：黄鼠狼——黄鼬　093
身边的大自然：会钓鱼的蛤蟆鱼——黑鮟鱇　095
身边的大自然：会钓鱼的蛤蟆鱼——黄鮟鱇　096
身边的大自然：慧眼识珍——蓝翡翠　095
身边的大自然：浑身是宝的山花椒　096
身边的大自然：活泼好动——巴西龟　093
身边的大自然：机警的伪装者——金眶鸻　093
身边的大自然：季秋之月赏翠菊　095
身边的大自然：礁石上的小火山——藤壶　093
身边的大自然：狡猾的心机党——兜兰　096
身边的大自然：金银花 VS 金银忍冬　092
身边的大自然：居家必备良药——藿香　092
身边的大自然：菊科花仙子——秋英　094
身边的大自然：绢粉蝶　096
身边的大自然：空中霸主——白尾海雕　092
身边的大自然：空中的猎手——金雕　095
身边的大自然：昆虫的掠食者——食虫虻　096
身边的大自然：昆虫界的刀客——螳螂　094
身边的大自然：拉着圣诞老人跑——驯鹿　096

身边的大自然：蓝色幻影——闪蝶　096
身边的大自然：浪漫樱花别样滋味　091
身边的大自然：老板鱼——斑瓮鳐　093
身边的大自然：凌源潜龙　092
身边的大自然：岭上开遍呦映山红　091
身边的大自然：陆上走禽——鸵鸟　093
身边的大自然：满树金扇饰深秋——银杏　096
身边的大自然：毛色随季节变化——松鼠　094
身边的大自然：美丽的山鸡——环颈雉　094
身边的大自然：美丽海扇——优良的抗癌食品　092
身边的大自然：萌萌哒的香鼠——香鼬　095
身边的大自然：名副其实的狼尾花　093
身边的大自然：名字里都有葵字，你认识它们吗？　093
身边的大自然：鸣虫界的宠儿　095
身边的大自然：鸣虫之首——螽斯　095
身边的大自然：牧草之王　096
身边的大自然：那个偷瓜贼“猹”其实是狗獾　093
身边的大自然：娘家在东北的姑娘儿　095
身边的大自然：女人花——益母草　093
身边的大自然：攀缘高手——凌霄花　094
身边的大自然：偏口——赫氏高眼鲽　093
身边的大自然：翩翩蝴蝶飞　095
身边的大自然：牵牛花 VS 打碗花　093
身边的大自然：谦谦君子——梅花鹿　092
身边的大自然：秋冬养生果——枸杞　095
身边的大自然：秋日里的金色暖阳——棣棠花　094
身边的大自然：裘皮之王——紫貂　096
身边的大自然：雀中猛禽——伯劳　093
身边的大自然：扫雪鼬——白鼬　095
身边的大自然：商陆——具有强大生命力　094
身边的大自然：舌尖上的野菜——诸葛菜　091
身边的大自然：蛇岛蝮是怎么来的？　092
身边的大自然：身边的小朋友——金翅雀　092
身边的大自然：神秘的毒花——曼陀罗　093
身边的大自然：神秘的瘤齿喙鲸　096
身边的大自然：湿地鸟类——丹顶鹤　095
身边的大自然：石芝珊瑚　094
身边的大自然：食虫植物——猪笼草　096
身边的大自然：食肉目动物中的精灵——伶鼬　095
身边的大自然：四大名螺——大法螺　093
身边的大自然：四大名螺——唐冠螺　094
身边的大自然：四大名螺——万宝螺　096
身边的大自然：四大名螺——鹦鹉螺　094
身边的大自然：贪吃的鱼——高鳍带鱼　093
身边的大自然：探秘北极熊　096
身边的大自然：体型粗肥——猪獾　095
身边的大自然：威武的甲虫　094
身边的大自然：伪装下的寄生——杜鹃　096
身边的大自然：我是紫薇我怕痒　094
身边的大自然：乌龟与中国文化　095
身边的大自然：五道眉——花鼠　093
身边的大自然：仙人球中的贵族——花笼　094
身边的大自然：相似“姐妹花”锦带花 VS 早锦带花　092
身边的大自然：香梭鱼——长蛇鲻　095
身边的大自然：小尖嘴耗子——北小麝鼩　094
身边的大自然：小小鹊鸭——潜水高手　092
身边的大自然：形如蛇，嘴如狼——海鳗　093
身边的大自然：形状像国乐器的笙——笙珊瑚　094
身边的大自然：形状像鲫鱼而得名——黄鲫　094
身边的大自然：萱草——城市花园里的忘忧草　093
身边的大自然：炎炎夏日里的珍珠梅　093
身边的大自然：扬眉线蛱蝶　092
身边的大自然：阳光灿烂下的向日葵　095
身边的大自然：野菜山麻楂到底是什么植物？　091
身边的大自然：野狼——渐行渐远了吗　093
身边的大自然：用感性来保护自己——含羞草　096
身边的大自然：有机宝石——苍珊瑚　094
身边的大自然：鼬属中的小巨人——艾鼬　095
身边的大自然：玉兰花开独特气质　091
身边的大自然：月季跟玫瑰到底有啥区别？　092
身边的大自然：扎针专业户——酸枣　095
身边的大自然：真正的颜值担当——大花杓兰　096
身边的大自然：植物圈儿的风铃党——紫斑风铃草　096
身边的大自然：植物圈也有白头翁　091
身边的大自然：植物王国的活化石——水杉　093
身边的大自然：致美丽的爱丽丝——鸢尾花　092
身边的大自然：智商爆棚——捕蝇草　096
身边的大自然：中华剑角蝗　096
身边的大自然：中华硕鬣狗　096
身边的大自然：肿角大骨鹿　095
身边的大自然：重阳时分话野菊　095
身边的大自然：昼开夜合——合欢　093
身边的大自然：紫貂的同属兄弟——青鼬　096
身边的大自然：走进非洲象　091
身边的大自然：最不像鱼的鱼——海马　096

身边的大自然：最接地气的兰花——绶草　093
身边的大自然：最美红叶——黄栌　094
身边的大自然：最眼熟的小燕子你了解它吗？　092
身边的大自然：做客大连的旅鸟——东方白鹳　092
身边的趣味矿物学　925
深度识别虚拟挖沙（科普产品）　117
沈阳科学宫简报*　265
生活与地质　914
生命从远古走来——龙鸟传奇　077
生命从远古走来——探秘辽宁史前世界　077
生命起源与演化（影）　193
生命物质的来龙去脉　053
生态环境参数监测系统的设计　507
生态建设背景下的自然博物馆　124
生态文明政策学习资料汇编　875
生物学杂志*　395
湿地博物馆科普教育的内涵　889
湿地博物馆在科普宣传教育中的作用——以野鸭湖湿地博物馆为例　868
湿地博物馆助推张掖市社济可持续发展分析　889
湿地场馆研究职能的发挥——中国湿地博物馆的展览与实践　861
湿地南海　875
《石头记》中的石头存疑名称初考　903
时空穿梭拍照机（科普产品）　165
识科学　275
实践融合创新——湿地博物馆专业委员会2015年学术研讨会论文集　861
世界科技馆教育活动的发展趋势研究　192
世界科技馆展览的发展趋势与启示　192
世界麋鹿种群数量及分布状况调查研究　062
事业单位支出合同的信息化管理　591
试论地质博物馆矿物标本的特征与展览服务　942
试论河姆渡T21④：18骨匕柄上的鸟类纹饰　126
试论科技馆的人性化服务建设　591
试论新媒体对提升观众与科技馆结合度的作用　599
试论移动智能终端APP的发展趋势及面临的安全挑战　191
试析4C营销理念在科技馆营销中的应用　591
试析科技馆“科学导游”的概念与初步实践　508
试析闽浙木拱廊桥的文化价值和保护利用　797
试析中国流动科技馆在不同地域群体间的功能定位——以四川科技馆为例　599
首届科普教育基地优秀教育活动集录　053
蜀龙动物群—— 一个承上启下的恐龙动物群　158
数字博物馆建设初探　767
数字化科普之路的探讨　353
《双城记》中的善与恶探讨　285
谁是地球小卫士　127
谁在夜里不睡觉——合肥科技馆儿童区“谁在夜里不睡觉”展品深度讲解辅导教案开发　395
水冷磁体　405
水生动物避暑有“凉”方　698
水豚的秘密　061
“水往高处流”之神奇的虹吸现象——合肥科技馆虹吸展品活动辅导教案开发　395
水族馆成群乌龟叠罗汉　698
水族馆科普宣传册*　698
水族馆科普月刊*　698
水族馆展示的改造与创新　690
睡前玩手机好吗（科普微视频）　193
丝绸之路青海道（科普专栏）　630
丝绸之路与古代中国蚕桑技术的外传　766
四川科博场馆*　599，1057
宋元明时期司天机构的候气工作与候气观念的兴衰　714
“蒜”及其相关植物的原植物研究　052

T

它是一粒种子——上海自然博物馆新馆印象　307
苔藓植物资源的开发利用现状与展望　125
谈提升资金成本管理的几个关键点　508
探究彩虹之美，感受科学之魅力——“彩虹之美”教育项目　465
探路生命安全教育——防灾训练营系列活动　591
探秘世界最深实验室　730
探求自然与人文跨界合作展览的新途径　125
探索“大树的世界”活动　228
探索“水往高处流”的奥秘　228
探索地震的奥秘　228
探索科普影院在科普教育中的作用　550
探索科学的脚步　193
探索生命的奥秘——依托生命科学展区开展的青春期健康教育活动　465
探索万有引力　228
探析新媒体时代下图书馆面临的机遇和挑战　222
探析重庆科技馆作为4A级景区的前瞻性发展道路　591

“探循环”展项探究式学习辅导教案　228
探寻“三坊七巷”的建筑之美　417
淘宝 + 微店　364
提升素质教育——论科技馆的青少年科普活动　192
体感操控魔法拍照机（科普产品）　117
体感互动智能科普知识脱口秀（科普产品）　117
体验、探究、趣味——西溪湿地环境教育活动的相关实践　861
体验神奇的力——山东省科技馆力学系列展品活动辅导方案　443
天宫基地（虚拟现实互动体验节目）　193
天津科学传播*　211
天津科学技术馆建馆 20 周年邮册　212
天然降压药——萝芙木属植物　052
天台宗术语“圆融三谛”英译比较　797
天文爱好者（增刊）*　715
天文爱好者*　715
天文科普教育在科技馆中的应用和创新　218
天文科普情况调查问卷　236
天文科学传播中的众包模式应用研究　715
铁道兵成立时间考　853
铁道军运暂行条例　853
铁道运输司令部司令员刘居英的特别通行证　853
通过单站视频观测数据测定九月英仙 ε 流星群辐射点　714
同位素示踪技术在丛枝菌根真菌生态学研究中的应用　306
透过展品学科技——合肥市科技馆微信科普美文集　395
图说缙云山蝴蝶　147
图像播放系统　807
土壤世界　767
土星的光环系统（一）　733
土星的光环系统（二）　733
土星的光环系统（三）　733
土星的光环系统（四）733
团聚　062
推进残障人士走进科技馆的对策探讨　190
拓展博物馆社会教育功能的再思考　125

W

瓦砾堆中寻完木：批评的姿势与批评　124
完善博物馆青少年教育功能的实践与思考——以浙江省完善博物馆青少年教育功能试点工作为例　124
玩转科技馆　211
“玩转科学　快乐无限”趣味小实验　374
“玩转天文　为爱圆梦”2015 年青岛观象台天文科技夏令营小记　743
玩转侏罗纪——人龙互动（科普产品）　170
皖南屯溪地区发现晚侏罗世火山岩　930
网络化办公在专委会管理上的应用——以科技馆专委会网络平台建设为例　192
网络科普在科技馆科普创新中的作用　192
网生代电影创作特征初探　788
网生代与中国电影　789
微观世界——显微镜下的地学藏品　128
微量毛皮 DNA 鉴别山羊及绵羊种属　052
围垦对南汇和崇明东滩湿地大型底栖动物的影响　306
维度杂志（中文版）*　205
为家庭建造一个以家庭学习为中心的展馆——美国佐治亚州亚特兰大市高等艺术博物馆案例研究　508
未来生活创意家——全国儿童艺术作品展　830
文物如何防光防尘　766
文物收藏温湿度标准　766
文学与中国园林论文集　807
我国地学类博物馆科普现状分析　903
我国公共文化空间用户信息行为及文化服务需求实证研究——以 10 所科技博物馆用户为调查对象　191
我国古代发达的农田水利　767
我国古代镇水神物的分类和文化解读　797
我国国土资源和环境保护科普事业发展情况对比分析　903
我国科技馆建设现状及发展对策　285
我国科技馆教育活动能力问题分析与发展对策　192
我国科技馆系统专业人才队伍建设研究——以中国科技馆为例　192
我国科技期刊国际化发展的主要途径分析　353
我国科普电影产业的市场机遇与发展建议　192
我国可持续发展的实施路径与对策　903
我国企业低碳技术创新存在的问题及对策研究　353
我国自然博物馆动物学研究定位探析　127
我家的菜园　127
我科普，我奉献，我快乐　718
我是中国园林博物馆安检员　817
乌海青少年之窗*　242
五十八年起——上海自然博物馆纪念册　307
武汉科技馆*　485

武汉科技馆江滩新馆与美国渔人码头探索馆新馆地理位置选址的可比性　485
舞台灯光表演控制系统的设计　508
物联网芯片制造过程质量检查系统研究与开发（慕课文案）　556
物种战争之地道战　053
物种战争之反客为主　053
物种战争之化学武器　053
物种战争之魔高一尺道高一丈　053
物种战争之潜伏　053
物种战争之时空战　053
物种战争之双刃剑　053
物种战争之螳螂捕蝉黄雀在后　053
物种战争之围追堵截　053
物种战争之逐鹿中原　053
雾霾应对措施　353

X

西湖风景名胜区不同森林类型乔木层的生物量研究　125
西溪丛书　865
西溪花文化　865
西溪庙庵历史文化　865
西溪渔文化　865
西溪庄园历史文化　865
蜥脚类恐龙的“流星锤”　158
细菌大作战（影）　1046
细致入微话生机　062
下雨天　127
厦门科技馆培训中心 2015 年刊　426
厦门科技馆通讯*　426
现代科技馆发展的几点思考　191
现代科技馆体系建设应注重科学文化与人文文化的交融　645
现代科技在博物馆陈列展览中的现状探究　957
现代企业管理对科普场馆人才队伍建设的启发　591
现代自然博物馆职能探析　125
“消防安全知识大讲堂”课件（光盘）　778
“消防小战士”之虚拟水枪灭火——合肥市科技馆虚拟水枪展品活动辅导教案开发　395
小龙虾的故事　316
“小球的奇妙旅行”与“我要回家”　228
小说《夜色温柔》的叙事技巧探讨　285
小小海洋动物饲养员“鲨鱼岛上走一回”　698
小小科学家　502
小小生物学家　502
新博物馆学理论在中国园林博物馆中的实践研究　806
“新常态”下科技馆的展示更新问题研究　508
新常态下湿地博物馆的发展现状与未来使命　889
新疆帕米尔地区自然生态及世居少数民族生态适应　052
新媒体时代自然类博物馆的有效宣传对策——以中国湿地博物馆为例　861
新生代：“轻”电影与思想能量中国电影博物馆　789
新时期科普人才培养的思考与探索　478
新时期下科技馆的建设与发展途径探讨　285
“新视野”号相遇冥王星　730
新形势下博物馆集群化运营的探索　314
新形势下科技馆科普活动管理与科普传播　353
新型光源投影在中国科技馆的应用　191
新中国百位女性第一　830
信息化背景下科技馆对群众文化建设的作用研究　451
信息图在科普网站的应用实践和思考　192
星空探秘　316
形形色色的尾巴（科普微电影）　193
熊猫传奇：谁是真英雄（影）　979
熊猫与巨人（影）　195
休息休息吧　127
虚拟现实技术在自然博物馆展览展示中的应用　091
徐州水族展览馆迎新伙伴　698
宣传画册　881
寻找看不见的世界——中国暗物质探测卫星　730
寻找鲨鱼小镇　680
寻找史前 1 亿年的龙行足迹　127

Y

羊　127
羊村文化之天外飞信　451
杨钟健教授与自贡恐龙的不解之缘　158
养殖中华鲟的产后康复　680
夜幕下的狂欢　127
液晶显示技术演示装置（专利）　286
一方水土　914
一例白鲸繁殖的总结与分析　706
一例华南虎胃肠道疾病的诊治　972
一例绿海龟泄殖腔畸形堵塞治疗　706
“一叶一世界”科学教育项目　497

一种 DNA 双螺旋结构纸模型教具（专利） 193
一种火箭实验教具（专利） 193
一种预置应力结构雕塑（专利） 193
依托场馆资源的低碳节能教育——“能量探秘”主题之旅教育项目 353
依托场馆资源的科技馆科学教育 292
依托新媒体与大数据的发展，探讨新型“馆校结合”的营销策略 550
遗鸥研究与保护 878
以“工程教育活动”为例浅谈科技馆开展 STEM 教育活动的实践与探索 292
以“蜜蜂王国探秘”活动为例浅析馆校结合 292
以“学生实践体验素材”为载体的馆校合作模式初探 192
以博物馆为平台的馆校合作创新教育模式——以中国园林博物馆为例 807
以博物馆为心，画科普宣教的大圆 868
以教育活动配合陈列展览提升博物馆的教育职能 127
以生源途径串联生命物质分子 052
“印花布”之科技馆探秘 228
迎春花 127
影博·影响* 789
用化石搭起境内外沟通的桥梁——浅析浙江自然博物馆境外展览 124
用于科普场馆的智能终端导览系统的开发 222
由学习单分析科技馆展品的基本特征与教育属性 192
有袋类化石的秘密——袋鼠的起源和演化 146
于洋：那些年，我和新中国电影风雨同舟 789
鱼龙勇士（影） 1005
“与鲨共舞”水族馆潜水员专访 698
与现代农业相比传统农业更加凸显自然要素 766
宇宙的奥秘（影） 193
宇宙天梯 14 步 715
宇宙与生命（影） 193
宇宙之大，我想带你去看看 218
羽龙传奇 307
羽龙传奇（影） 313，1004，1046
雨林生物 053
鸳鸯的故事 071
园博馆文物保护与数字化传承创新 806
园林名家访谈录 815
园林植物的展览展示系统 807
远古的奇观——南京雨花石 925
远古的遗迹——南京国家地质公园 927
远古动物如何捕获配偶的芳心（科普微电影） 193
月球的奥秘（影） 193
月球探索（数字节目） 982
月相变化演示装置（专利） 193
云计算机环境中的计算机网络安全 191
云南富民晚二叠世中——基性岩年代学、地球化学特征：对峨眉山大火成岩省岩浆作用过程的指示意义 903
云南昭通中新世晚期生物地层化学元素的组合特征及古埋藏环境分析 052

Z

在教育实践活动中反思如何开展科普场馆优质服务 591
在科普场馆建设创新路上扬帆起航——记乌鲁木齐市科技馆展览教育创新工作 666
咱们空气有力量——合肥科技馆“马德堡半球”“伯努利球”展品活动辅导教案开发 395
藏地瑰宝——西藏园林文物展 807
藻类水华及引发水华的相关环境因素研究进展 052
扎实开展科技馆活动进校园工作 倾力打造特色科普活动品牌 491
展品设计 481
展示科技及其在科普展览教育中的应用研究——以广东科学中心“岭南科技纵横”展为例 507
浙江省完善博物馆青少年教育功能示范项目集萃 128，134
浙江晚更新世动物化石及旧石器考古初步研究 125
浙江义乌观音塘村足迹化石特征及保护利用建议 124
真正的“喀纳斯水怪”（科普微电影） 193
“珍惜人类的朋友，维护生态平衡”学术研讨会会议论文集 174
政府引导、整合资源，创建科技场馆集群发展的“临沂模式” 451
知识产权公益诉讼制度探析 508
植物标本数字化技术及数字化标本在自然博物馆的应用 127
植物大作战——福建植物标本展览馆展品活动辅导教案开发 417
植物体外雄核发育途径及其影响因素 306
智慧科技馆——网络时代科学传播的新模式 507

中国城市鸟类多样性　127
中国传统文化中“玉簪”原植物的研究　052
中国大陆吻虾虎鱼属一亚种新记录　125
中国道地药材科普版　128
中国的剑龙类恐龙化石　158
中国的星空　715
中国第一篇麋鹿科学研究文献评价　062
中国电影博物馆 APP 建设探索　789
中国电影如何提高海外票房　788
中国电影与互联网资本的共生融合　789
“中国古代科学技术”在科技馆展示之思考　192
中国古代梯田的起源与发展　767
中国古代园林中“岁寒三友”原植物研究　052
中国古脊椎动物志（第二卷）两栖类 爬行类 鸟类 第八册 中生代爬行类和鸟类足迹　053
中国杭州低碳科技馆创新要素剖析　353
中国杭州低碳科技馆简报*　354
中国科技馆科学讲坛活动策划与反思　190
中国流动科技馆巡展的现状及问题分析　190
中国煤炭史志著作总目提要　785
中国煤炭之最　785
中国梦·科技梦——中国互联网 20 年主题展览的创新探索　192
中国民间年俗配图完整版，从腊月二十三到正月十五　396
《中国民间文物艺术品大系》出版前言　766
中国农民艺术　767
中国农业博物馆“二十四节气”数字化展示　767
中国农业博物馆活动实践课程　772
中国农业博物馆课程学习绘本　772
中国农业博物馆虚拟展厅界面设计研究　767
中国农业文化精粹　767
中国水文化遗产考略　798
中国特色现代科技馆体系下科普展教资源能力建设问题研究　192
中国体育题材电影亟待突破——“体育题材电影的机遇与挑战”专题论坛在京举办　789
中国西南部三叠纪海相生物群及其集群死亡事件　927
中国消防博物馆馆刊*　776
中国影院简史　789
中国园林博物馆藏品知识集　807
中国园林博物馆公众教育 2015 年汇编　807
中国园林博物馆科普手册之春华　807
中国园林博物馆科普手册之生物小百科　807
中国园林书画展　807
“中国珍稀物种”系列之“藏狐”（科普纪录片）313
“中国珍稀物种”系列之“海南坡鹿”（科普纪录片）313
“中国珍稀物种”系列之“黑颈鹤”（科普纪录片）313
“中国珍稀物种”系列之“淞江鲈”（科普纪录片）313
中国镇水文物探析　797
中国最晚的恐龙家族消亡及黑龙江嘉荫 K–Pg 界线　077
中国最早的科学基金资助研究——记中华教育与文化基金会对 1930 年全国性第一次土壤调查的资助　147
中华龙鸟　919
中华农业文明陈列　767
中华农业文明的脉络　766
中科馆里的“中考题”　193
中科馆微课　193
中美社会背景与非正式科学教育特征的比较研究　478
中生代王者归来　052
中央地质调查所所属地震台站历史变迁　147
中—英—俄化石能源地质词典　077
众创空间——互联网＋时代本土化的创客空间　508
重金属镉（Cd）在植物体内的转运途径及其调控机制　306
侏罗纪的使者　158
株洲盆地与西峡盆地产恐龙化石地层对比研究　942
主题情景化科普辅导的初探　340
抓住关键期，追求可塑性——浅谈神经教育学在科技馆展品展示中的运用　491
专著颐和园的露陈座　807
追星星的人——走近北京天文馆　718
“锥体上滚”与重心——合肥科技馆“锥体上滚”展品教育活动开发教案　395
紫花苜蓿线粒体和叶绿体 DNA 高效提取体系的建立　306
紫花苜蓿亚（变）种花部构成差异性分析　306
紫金山天文台里的国宝——浑仪　733
“自贡恐龙博物馆小小讲解员”公益活动让孩子们的暑期更精彩　158
自贡恐龙的研究与保护　165
自贡恐龙发现 100 年新闻故事　165
自贡恐龙发现 100 年研究文集　169

自贡恐龙发现 100 年专版　169
自媒体时代科学传播对科技馆科普工作的启示　485
自然博物（第 2 卷）*　128
自然博物馆科普教育与学校教育的对接与合作　091
自然博物馆临时展览点滴谈　139
自然博物馆如何发挥环境教育职能　105
自然博物馆研发幼儿园教育课程的实践与思考——以浙江自然博物馆为例　127
自然博物馆植物标本数字化平台构建与思考　125
自然博物馆中微观世界展示形式研究　127
自然科学博物馆研究 *　205
自然科学与博物馆研究论文集　052
《自然遗产与文博研究》第三卷　139
自然与科技 *　313
走进中国消防博物馆　779
祖母绿晶体的收藏与投资　903

特效影院索引

3D 数字影院——东莞市科学技术博物馆 1025
3D 影院——嘉兴市科技馆 383
3D 影院——临沂市科技馆 453
3D 影院——深圳市科学馆 526
4D 动感影院——福建省科技馆 418
4D 动感影院——江苏省科学技术馆 1006
4D 动感影院——四川科技馆 1030
4D 动漫影院——南京科技馆 330
4D 科普影院——安徽省地质博物馆 929
4D 科普影院——内蒙古自治区巴彦淖尔市青少年科学技术馆 245
4D 影院——北京汽车博物馆 836
4D 影院——北京天文馆 982
4D 影院——毕节市科学技术馆 622
4D 影院——重庆科技馆 592，1028
4D 影院——东莞市科学技术博物馆 543，1025
4D 影院——广东科学中心 504
4D 影院——合肥市科技馆 1012
4D 影院——黑龙江省科学技术馆 300，1001
4D 影院——湖南省科学技术馆 498，1019
4D 影院——湖州市科技馆 374
4D 影院——吉林省科技馆 280，998
4D 影院——江西省科学技术馆 437，1016
4D 影院——辽宁省科学技术馆 258
4D 影院——临沂市科技馆 453
4D 影院——内蒙古自治区科学技术馆 988
4D 影院——宁夏回族自治区科学技术馆 1037
4D 影院——青海省科学技术馆 638，1036
4D 影院——厦门科技馆 424
4D 影院——厦门市同安区科学技术馆 1014
4D 影院——山东省科学技术宣传馆 443
4D 影院——上海科技馆 1003
4D 影院——深圳市宝安区科技馆 1022
4D 影院——深圳市少年宫 532
4D 影院——沈阳科学宫 266，990
4D 影院——武汉科技馆 486
4D 影院——新疆科学技术馆 1039
4D 影院——榆林市科学技术馆 1034
4D 影院——张掖湿地博物馆 890
4D 影院——郑州科学技术馆 466
4D 影院——中国科学技术馆 978
4D 影院——中国湿地博物馆 859
4D 震动影院——乌鲁木齐市科技馆 665
5D 影院——青海省科技馆 638
5D 影院——新疆科技馆 659
IMAX 巨幕影院——广东科学中心 504
IMAX 巨幕影院——辽宁省科学技术馆 258
IMAX 球幕影院——南京科技馆 328
动感立体影院——临沂市科技馆 453
动感影院——佛山科学馆 536
动感影院——青海省科学技术馆 1036
动感影院——中国科学技术馆 978
飞行影院——厦门科技馆 424
飞越影院——厦门科技馆 424
光学球幕影院——北京天文馆 982
互动立体影院——临沂市科技馆 453
巨幕影院——北京天文馆 982
巨幕影院——重庆科技馆 592，1028
巨幕影院——内蒙古自治区科学技术馆 988
巨幕影院——上海科技馆 1003

巨幕影院——中国杭州低碳科技馆 354，1008
巨幕影院——中国科学技术馆 978
巨形环幕 4D 影院—内蒙古巴彦淖尔市乌拉特中旗科技馆 255
立体影院——佛山科学馆 536
其他影院——重庆科技馆 1028
其他影院——上海科技馆 1003
穹幕影院——江西省科学技术馆 437
穹幕影院——山西地质博物馆 913
穹幕影院——天津科学技术馆 985
穹幕影院——中国湿地博物馆 859
球幕体验馆——大连金石滩旅游集团有限公司文化博览广场 995
球幕影院——北京天文馆 982
球幕影院——东莞市科学技术博物馆 552，1025
球幕影院——佛山科学馆 536
球幕影院——广东科学中心 504
球幕影院——合肥市科技馆 398，740，1012
球幕影院——黑龙江省科学技术馆 300，1001
球幕影院——吉林省科技馆 280，998
球幕影院——江西省科学技术馆 1016
球幕影院——辽宁省科学技术馆 259
球幕影院——内蒙古自治区科学技术馆 988
球幕影院——宁波科学探索中心 368
球幕影院——宁夏回族自治区科学技术馆 1037
球幕影院——青海省科学技术馆 638，1036
球幕影院——山东省科学技术宣传馆 443
球幕影院——上海科技馆 1003
球幕影院——深圳市宝安区科技馆 1022
球幕影院——深圳市少年宫 531
球幕影院——沈阳科学宫 266，990
球幕影院——新疆科学技术馆 1039
球幕影院——榆林市科学技术馆 1034
球幕影院——中国杭州低碳科技馆 354，1008
球幕影院——中国科学技术馆 978
数码影院——新疆科学技术馆 1039
天象影院——沈阳科学宫 266
虚拟航行动感影院——广东科学中心 504